VÍA DE LA PLATA

EVA GRUBER

WIDMUNG

DIESES BUCH IST *FÜR GRITLI.*

MOTTO

DIE NATUR IST MEINE KATHEDRALE.

VÍA DE LA PLATA
DER JAKOBSWEG

VON SEVILLA NACH SANTIAGO DE COMPOSTELA

EVA GRUBER

TYROLIA - VERLAG · INNSBRUCK - WIEN

INHALTSVERZEICHNIS

Golf von Biscaya
FRANKREICH
Santander
Oviedo
Galicien
Asturien
Kantabrien
Baskenland
Vitoria-Gasteiz
Pamplona
ANDOR
Kap Finisterre
Santiago de Compostela
Miño
CAMINO FRANCÉS
Navarra
Logroño
La Rioja
Ourense
A Gudiña
Puebla Sanabria
Laza
Esla
Kastilien-Léon
Ebro
Katalonien
Granja de Moreruela
Duero
Valladolid
Zamora
Saragossa
Barcelona
VÍA DE LA PLATA
El Cubo
Tormes
Salamanca
Aragonien
Morille
Madrid
Madrid
PORTUGAL
Aldeanueva
Tajo
Toledo
Albergue Alcántara
Valencia
Valencia
SPANIEN
Cáceres
Extremadura
Kastilien-La Mancha
Balearische Inseln
Mérida
Guadiana
Júcar
VÍA DE LA PLATA
Zafra
Monesterio
Murcia
Murcia
MITTELMEER
Guadalquivir
Andalusien
Sevilla
N
0
50
100
km
Straße von Gibraltar
ATLANTIK
ALGERIEN
MAROKKO

VORWORT

Dieses Buch ist die Verwirklichung von zwei Lebensträumen auf einmal – reisen (und das am liebsten in der langsamsten Weise: gehend) und kreativ sein – in diesem Fall als Fotografin, Autorin und Buchgestalterin. Ich bin schon vor Jahren auf Spanienreisen immer wieder mit dem Strom der Pilger, die auf dem *Camino Francés* unterwegs waren, in Kontakt gekommen. Seit damals träumte ich davon, auch einmal den Jakobsweg zu gehen. Nur die Dichte des Pilgerstroms war mir zu hoch. 2004 stieß ich auf erste, vielversprechende Informationen über die *Vía de la Plata* und im April und Mai 2009 bin ich dann diese Route 1085 Kilometer durch Spanien gewandert, von Sevilla bis ans Cabo Finisterre.

Die Aufgabe, die Reise zu dokumentieren, empfand ich als äußerst inspirierend und interessant! Sie war auch anstrengend: Ich bin geschätzte 9000 Mal auf meiner Reise stehen geblieben, um zu fotografieren. Dazu kommen Notizen untertags und abends Fotosichtung und Tagebucheinträge. Die Wegdokumentation bringt das Mittragen von schwerer, zudem vor jeglicher Nässe zu schützender Fotoausrüstung mit sich. Statt Rastpausen einzulegen, sind unterwegs und zumal in Städten wichtige Sehenswürdigkeiten zu dokumentieren. Der Zeitaufwand kann bis doppelt so hoch und das recht belastend werden, umso mehr als die Gehzeit für etliche Etappen acht oder gar neun Stunden beträgt. Für mich war es eine unerlässliche Hilfe, dass meine Mutter mit dem Campingbus entlang der Strecke unterwegs war und so meine Arbeit unterstützt hat. Sie hatte oft sehr abenteuerliche Pfadfinderaufgaben zu lösen, wenn es darum ging, zum abendlichen Treffpunkt zu finden, oftmals in so kleinen Orten, die weder die Straßenkarte noch das Navigationsgerät kannten.

Mir hat die (äußere) Reise durch Spanien, die schönen Städte mit ihrer reichen Geschichte, die herrlichen Landschaften unterwegs und vor allem die große Vielfalt all dieser Faktoren, die die Vía de la Plata bietet, überaus gut gefallen. Durch so viele Schritte fühle ich mich den durchwanderten Landschaften tief verbunden und wünsche ihnen und ihren BewohnerInnen, dass die Pilgerbewegung Positives für sie bringt.

Sehr wertvoll fand ich, wie sich die äußere Fußreise im Inneren fortsetzte. Das Gehen, die Erfahrung von Zeit und Stille sowie intensive Naturbegegnungen wirken wohltuend zusammen und fördern Entschleunigung, Introspektion und Öffnung zur Begegnung – mit sich, dem Boden, der Natur, anderen Menschen und der eigenen Spiritualität.

Mit diesem Buch möchte ich ein Bild vermitteln von den großen Schätzen dieser inneren und äußeren Reise, und ich wünsche mir, dass es Lust macht, sich ganz allgemein „auf den Weg zu machen“ (im Inneren) und im Besonderen, zur Vía de la Plata aufzubrechen (im Äußeren), weil dieser beliebte, aber immer noch ruhige Weg das ideale Terrain ist für das Gedeihen der Meriten einer Pilgerreise. Denn diese brauchen Raum, Zeit und Stille. Auf diesem schönen, alten Weg gibt es all dies in Hülle und Fülle!

Ich wünsche dazu buen camino! Ultreja! Ve con Dios!

Eva Gruber — Gloggnitz, Dezember 2009

CRUZ DEL PEREGRINO
MOZARABE DE SANTIAGO
VIA DE LA PLATA
DE LAS MIL LEGUAS EMPIZO
CON UN PASO.
CAMINO PEREGRINO QUE
SANTIAGO TE GUIE Y PROTEJA,
RECUERDA AL FINAL DEL SENDERO
SOBRE EL HORIZONTE ESTA
SANTIAGO
DEDICADO A MIS PADRES POR SU
ENTREGA Y DEDICACION, A UNA
ESTRELLITA EN EL CIELO,
Y A TODOS LOS PEREGRINOS,
HOSPITALEROS, ASOCIACIONES Y
PERSONAS QUE HACEN QUE CADA
DIA SIGA MAS VIVO EL ESPIRITU DE
TODOS LOS CAMINOS
GRACIAS POR RESPETAR ESTE LUGAR
CON POCO VALOR MATERIAL PERO
GRAN VALOR SENTIMENTAL.
MMVII
Via de la Plata

EINLEITUNG

Ihren Anfang nahm die unüberbietbare Erfolgsgeschichte des Apostels Jakob, als ein Einsiedler namens Pelayo zwischen 810 und 830 durch eine Lichterscheinung zum Grab des hl. Jakob geführt worden sein soll. Bischof Theodomir von Iria Flavia bestätigte die Echtheit der Reliquien und Alfonso II. von Asturien ließ Jakob zu Ehren eine Kirche am „Sternenfeld", *Campus stellae*, dem nachherigen Compostela, errichten. Damit war – zeitgleich mit der *Reconquista*, dem Kampf christlicher Herrscher gegen die arabische Besetzung der Halbinsel – der Grundstein für das größte christliche Wallfahrtsziel neben Rom und Jerusalem gelegt. Jakob soll die Reconquista bei der sagenhaften Schlacht von Clavijo 844 durch sein Erscheinen als *Matamoros*, Maurentörer, maßgeblich vorangetrieben haben. König, Adel und Klerus förderten die Pilgerbewegung sehr: Hospize, Herbergen, Klöster, Kirchen und Brücken wurden gebaut. Ritterorden, wie Templer und Santiago-Ritter, sorgten für die Sicherheit der Pilger.

Ab dem Jahr 1000 begann ein wahrer „Pilgerhype". Im 11. Jahrhundert sollen etwa 200.000 Gläubige nach Santiago gegangen sein, im 12. Jahrhundert kamen bis zu 1000 Pilger täglich an das Apostelgrab. Die Stadt Santiago wuchs in zwei Jahrhunderten auf ihre sechsfache Größe an. Dann folgte eine jahrhundertelange Flaute der Pilgerbewegung – verursacht durch den Sieg der Reconquista, durch Pestepidemien, die Reformation und Religionskriege, aber auch weil die Gefahren am Weg zugenommen hatten. Als Pilger verkleidete Verbrecher, „Muschelbrüder" genannt, raubten und mordeten. 1589 wurden Jakobs Gebeine vom englischen Freibeuter Francis Drake versteckt und in der Folge 300 Jahre lang vergessen. Im 18. Jahrhundert, dem Zeitalter der Französischen Revolution und der Aufklärung, war Pilgern als Aberglaube verpönt. Anfang des 19. Jahrhunderts erfuhr die spanische Kirche mit der Auflösung der Klöster einen schweren Rückschlag. Im Jahr 1867 besuchten am Namenstag des Apostels gerade mal 40 Pilger die Messe in Santiago. Um das endgültige Sterben des Jakobskultes abzuwenden, suchte man nun fieberhaft nach den Gebeinen des Apostels und fand sie 1879 zwischen den Mauern der Apsis der Kathedrale. Papst Leo XIII. erklärte sie per Bulle als echt. Ausgerechnet Diktator Franco spannte sich Santiago vor den politischen Karren und erklärte den Namenstag des Apostels zum Nationalfeiertag. Als sich Spanien Ende der 1960er Jahre zu öffnen begann, pilgerten auch wieder Ausländer nach Santiago de Compostela. Seit Beginn der 1990er Jahre setzte ein erneuter, unglaublicher „Pilgerhype" ein: 1000 Jahre später pilgern heute fast ebenso viele Menschen nach Santiago de Compostela wie im 11. Jahrhundert. Besonders stark steigen die Pilgerzahlen in jedem Heiligen Jahr – also in jenen Jahren, in denen der Namenstag des Apostels, der 25. Juli, auf einen Sonntag fällt. Gemäß der katholischen Tradition kann der christliche Pilger in diesen „Gnadenjahren" unter bestimmten Umständen Ablass aller zeitlichen Sündenstrafen erwirken. Laut dem Pilgerbüro in Santiago wurden bis 1992 jährlich maximal 10.000 Pilger registriert, im Heiligen Jahr 1993 waren es fast 100.000, im übernächsten, 2004, kamen 180.000.

Dabei hat die Forschung die Legende längst entzaubert. Ob Jakob je in Spanien predigte und in Santiago begraben liegt, ist mehr als fraglich. Die Erkenntnisse der Forschung sind ernüchternd, was der Wirkung der Legende keinen Abbruch tut. Auch die Legenden anderer Wallfahrtsorte wird der sachliche Analytiker kaum glaubhafter beurteilen können. Warum machen sich trotzdem heute so ungeheuer viele Menschen auf den Weg? Der moderne Pilger wird wohl kaum von der Hoffnung des mittelalterlichen Pilgers getrieben sein, der sich Ablass der Sünden, Wunder am Weg, „das Heil" erhoffte. Was sind heute die Motive, auf Pilgerschaft zu gehen? Verschiedenen Untersuchungen zufolge ist es die Suche nach einem Kontrapunkt zur völlig säkularisierten Konsumwelt, nach

Sinn, Spiritualität. Viele Pilger verbinden ihren Weg mit einer Neuorientierung in einer Phase des Umbruchs, ob es nun eine Trennung, eine Krise oder eine wichtige Entscheidung ist. Hier geht es um Loslassen, Perspektivenwechsel, Krafttanken für Neues. Andere suchen Gemeinschaftserlebnisse, sind aus sportlichen oder kulturhistorischen Gründen unterwegs. Natürlich sind unter den Pilgern auch traditionelle Katholiken – aber heute machen sich vor allem auch Menschen auf den Weg, „die keine oder nur eine geringe Bindung an die Institution Kirche haben". Die Pilgerreise ist kein speziell christliches Phänomen, sondern ein weltumspannendes, das Christen, Moslems, Juden, Mormonen, Shintoisten, Hindus und Sikhs eint: Sie alle pilgern zu ihren heiligen Stätten. Pilgern ist kein Anachronismus, „sondern eine Grunderfahrung menschlicher Existenz. Eine langsam fortschreitende Begegnung mit der Kultur des eigenen Lebens, mit dem Kosmos, mit dem Endgültigen." (Sotill, 11)

Viele erfahrene Pilger, die ihre Pilgererfahrung erneuern oder vertiefen möchten, oder andere, die einen sehr ruhigen Weg suchen, wählen nun vielfach statt dem belebten Camino Francés die zweite große und immer beliebtere Pilgerroute Spaniens – die Vía de la Plata. Sie vereint große Vorzüge: Auf diesem immer noch ruhigen Weg findet sich Unerlässliches für das Erleben von Entschleunigung, Einkehr und Begegnung in Hülle und Fülle: Raum, Zeit und Stille. Andererseits bietet die Vía de la Plata ein Füllhorn facettenreichster Eindrücke: Sie durchmisst fast ganz Spanien, führt durch oft menschenleere, sehr verschiedenartige Landstriche und beschert besondere Naturerlebnisse. Sie führt von der Palme zum Moos, von der Sonne zum Regen, von ausgedörrter Erde zu sumpfigen Wiesen, von Castellano zu Galego, von maurisch zu keltisch, von inbrünstigem Katholizismus zu mystischem Hexenglauben, von Prozessionen zu Stierkämpfen, vom Gazpacho Andaluz zu deftigen Eintöpfen, vom Flamenco zum Dudelsack. Zugleich ist dieser Weg eine Reise zu den Ursprüngen der europäischen Kultur. Städte wie Sevilla, Mérida, Cáceres, Salamanca, Zamora, Ourense und Santiago gehören zu den faszinierendsten Höhepunkten Spaniens überhaupt.

Die Vía de la Plata selbst hat eine reiche Geschichte: Schon in vorrömischer Zeit wurde die Gegend in Nord-Süd-Richtung durchzogen, von Jägern, später von Hirten mit ihren Herden, dann von Phöniziern auf der Suche nach Gold und Zinn, später von Griechen und Karthagern. Für diese Route gaben Furten und Pässe den Ausschlag. Ab dem 2. Jahrhundert v. Chr. dehnten die Römer ihr Reich bis hierher aus. Zur Kontrolle der neuen Territorien und der Goldminen Las Médulas im Norden gründete Kaiser Augustus um 25 v. Chr. die Militärstützpunkte Astorga und Mérida. Nun bekam die etwa sechs Meter breite Römerstraße ein solides Fundament, Drainagen, Meilensteine und einen Straßenbelag aus großen Steinplatten. Brücken wurden gebaut. In Abständen von Tagesreisen, etwa alle 35 Kilometer, entstanden Versorgungsstationen. Aus dem militärischen Versorgungsweg wurde ein Verkehrsweg, über den sich römische Kultur und Lebensart ausbreiteten. Auch die Mauren nutzten die Römerstraße (spanisch *Vía* oder *Calzada Romana*), die sie *al-Balath* oder *Balata* – befestigte Straße – nannten. Im Spanischen wurde daraus *Vía de la Plata*. Obwohl dies zufällig auch „Silberstraße" bedeutet, hat der Name mit dem Edelmetall ursächlich nichts zu tun. „Mozaraber" wurden die Christen genannt, die mit ihrem Glauben, ihrer Kultur auf arabischem Gebiet lebten. Sie waren es, die die Vía de la Plata als Pilgerweg nutzten und *Camino mozárabe*, der mozarabische Weg, als Wegname prägten. Nach der Entdeckung Amerikas wanderten auf der Vía de la Plata Auswanderer zu den Häfen im Süden Spaniens, um sich in die Neue Welt einzuschiffen. Ihretwegen wurde die Vía nun auch *Camino de las Indias* oder *de las Américas* genannt. 1990 begann die Renaissance der Vía de la Plata als Pilgerweg. Vereine wurden gegründet, die Strecke mit dem gelben Pfeil markiert und Pilgerunterkünfte eingerichtet.

Der Legende nach hat Herkules Europa und Afrika getrennt und so das Mittelmeer geschaffen. Sein Abbild ist Teil der andalusischen Flagge. Trotzdem begegnen sich Europa und das nur 14 Kilometer entfernte Afrika in keiner Region Spaniens intensiver als in Andalusien. Denn nachdem die Vandalen, Alanen, Sueben und Westgoten auf die Iberische Halbinsel eingedrungen waren, landeten die Mauren bei Gibraltar und machten aus *Vandaluz*, dem „Land der Vandalen", *Al Andalus*. Während der fast 800-jährigen Präsenz des Morgenlandes in Andalusien wurde dieses zur wohlhabendsten Region Europas, zum Zentrum von Intellekt, Kultur und Wissenschaft. Zeugnis dieser unvergleichlichen Blüte geben Granada, Sevilla und Córdoba. Nur wenige Jahre nach der Landung der Mauren in Gibraltar 711 errang um 722 König Pelayo im Norden, dem asturischen Covadonga, erstmals einen Sieg über ein islamisches Heer. Der Ort ist heute ein nationales Heiligtum. Sein mythischer Sieg verlieh nachfolgenden Generationen die Kraft, sich immer wieder der arabischen Fremdherrschaft zu widersetzen. Ein jahrhundertelanges Ringen um die Rückeroberung, die *Reconquista*, begann. Dabei führten Dekadenz, die große Konkurrenz zwischen den einzelnen maurischen Fürsten und ihre politische Schwäche dazu, dass die Mauren unter immer stärkeren Druck gerieten und ihre verfeinerte Kultur unter den Schutz wesentlich rauerer moslemischer Stämme aus dem Atlas stellen mussten. Der einstige Glanz der Toleranz von Al Andalus ging verloren. Und die Reconquista fasste auch in Andalusien immer stärker Fuß – in Córdoba 1236, 1248 in Sevilla, 1264 in Cádiz. Trotzdem fiel die Blütezeit Granadas mit dem Bau der *Alhambra* ins 14. Jahrhundert. Als 1492 die Mauren mit Granada ihre letzte Bastion aufgeben mussten, hatte die Reconquista endgültig gesiegt.

Nach der „Entdeckung" Amerikas durch Kolumbus füllten die unermesslichen Reichtümer Südamerikas die spanischen Kassen, und Sevilla wurde 150 Jahre lang das Finanzzentrum der Welt. Doch der Glanz war von kurzer Dauer. Die Kriege und Krisen Spaniens zogen auch Andalusien in Mitleidenschaft.

Im 20. Jahrhundert zählt Andalusien trotz seiner 900 Kilometer langen Küste, die den Tourismus zum wichtigsten Erwerbszweig neben der Landwirtschaft macht, mit einer Arbeitslosenquote von 20 % zu den ärmsten Regionen Spaniens. Die finanziellen Zuwendungen Brüssels fließen in die Landwirtschaft. Auch heute noch besitzen 2 % der Bevölkerung mehr als 50 % des andalusischen Bodens.

Auf der *Vía de la Plata*, der Pilgerreise nach Santiago, durchwandert man Andalusien vier Tage lang. Sie beginnt mit einem Feuerwerk: Sevilla, dieser faszinierenden, pulsierenden Metropole am Guadalquivir. Dann geht es durch die Peripherie Sevillas, die ersten Olivenhaine und mit Eichen bestandenen Weiden mit Kühen, Schafen und schwarzen Schweinen. Die Chance, in einem der mit 320 Sonnentagen wärmsten Gebiete Europas Sonne und Hitze zu erleben, ist hoch.

Gerade im Frühjahr ist die üppige Natur überwältigend – ganze Hügel duften, blühen, summen. Das Licht ist unvergleichlich hell, die Wärme eine Wonne, im einzigartigen Himmelsblau kreisen Geier und Adler und auf den Kirchtürmen der weißen Orte am Weg wohnen die Störche.

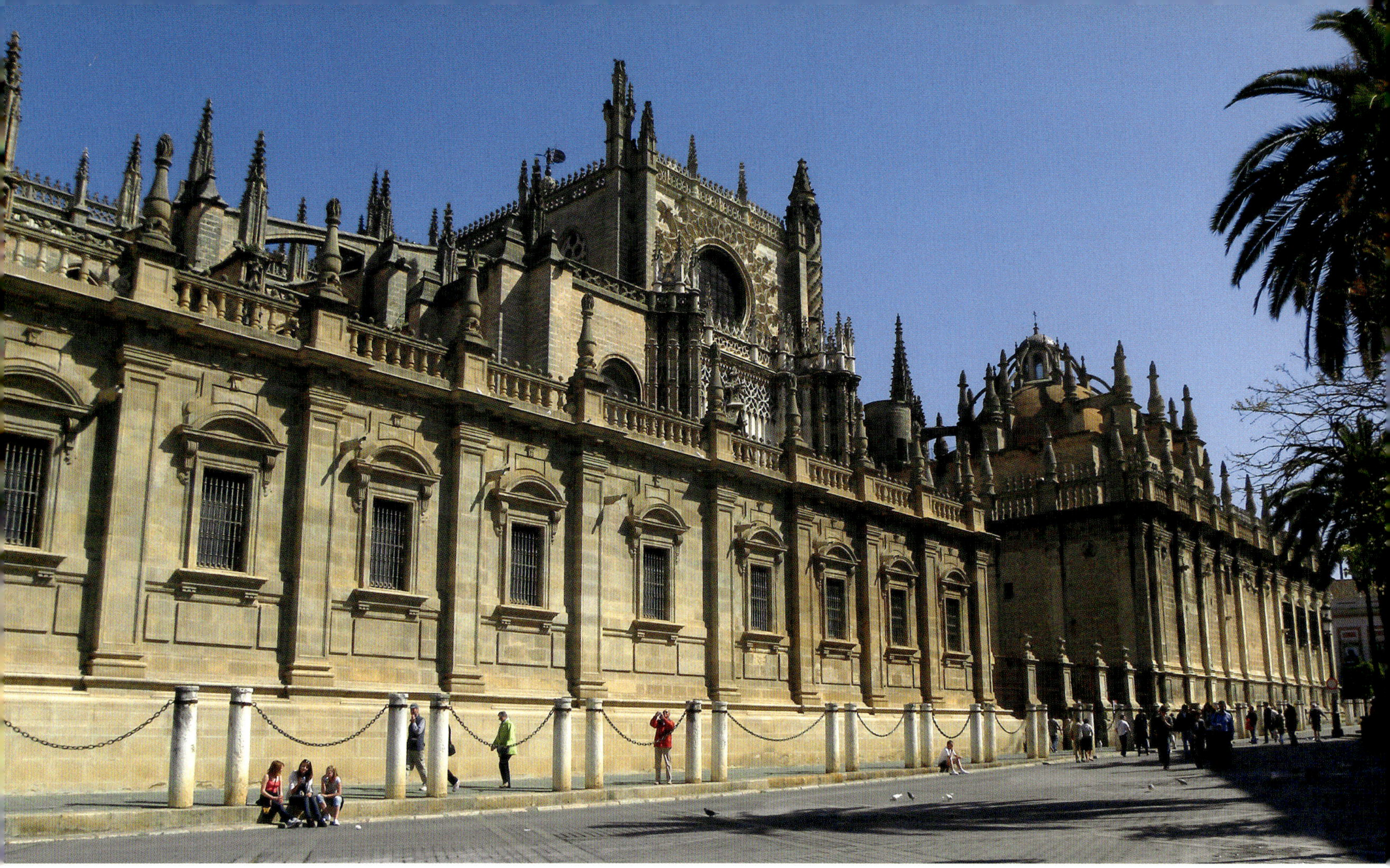

Catedral de Santa María de la Sede (1401–1519)

SEVILLA

„Lasst uns eine Kirche bauen, so groß, dass jeder, der sie sieht, uns für verrückt hält", beschloss 1401 das Kathedralkapitel der Stadt. Daraufhin wurde über 100 Jahre lang gebaut, bis sie 1519 fertig war, die *Catedral de Santa María de la Sede*, die größte gotische und drittgrößte Kathedrale der Welt überhaupt – 115 Meter lang, 76 Meter breit, mit fünf Kirchenschiffen und einem spätgotischen Kreuzgewölbe von 40 Metern Höhe. Sie steht auf den Resten der von den Mauren erbauten Großen Moschee. In ihrem Inneren findet sich eine Fülle kunsthistorischer Schätze von Weltrang: Gemälde von Zurbarán, Goya und Murillo, die auf einem Silbersessel thronende Skulptur *Virgen de los Reyes*, die Sevillas Schutzpatronin ist, oder der mit 23 mal 20 Metern weltweit größte Altaraufsatz – ein Hauptwerk der spanischen Gotik, der in 45 Reliefeldern detailreich geschnitzte Szenen aus dem Leben Christi und Marias zeigt. Außerdem birgt der mächtige Bau das *Grab von Cristóbal Colón*, Christoph Kolumbus, dem spanischen Nationalhelden. Ob die Knochen im Grab tatsächlich die von Kolumbus sind, darüber herrschte lange Streit, da auch die Hauptstadt der Dominikanischen Republik, Santo Domingo, beanspruchte, sein Grab zu beherbergen. 2006 wurde mit einer DNA-Analyse der Knochenreste aus dem Grab von Sevilla und der Gebeine von Kolumbus' Bruder und Sohn bewiesen, dass es sich tatsächlich um die sterblichen Überreste von Christoph Kolumbus handelt. Allerdings befinden sich nur 15 % des Knochengerüstes in diesem Grab. Wo die übrigen Gebeine sind, bleibt ein Rätsel. Kolumbus wusste übrigens nie, dass er einen neuen Kontinent „entdeckt" hatte. Er starb im Glauben, den westlichen Seeweg nach Indien gefunden zu haben.

Plaza de España (anlässlich der Ibero-amerikanischen Ausstellung im Jahre 1929 von Aníbal González erbaut)

Der Turm der Kathedrale wird *Giralda* genannt, nach der Wetterfahne auf seiner Spitze. Einst war er das Minarett der Großen Moschee, der zu seiner Bauzeit im 12. Jahrhundert mit 82 Metern eines der drei höchsten Bauwerke der Welt war. Aus den hufeisenförmigen Fenstern der Giralda bietet sich ein fabelhafter Blick über das Häusermeer der Stadt und über den Fluss *Guadalquivir*.

Ich sitze in der Barcelona gewidmeten Nische an der *Plaza de España* und lasse den riesigen halbrunden Platz auf mich wirken. Er hat 200 Meter Durchmesser, einen künstlichen See im Zentrum und wird beidseits von einem Turm flankiert. Ein Gebäude aus roten Backsteinen, bemalten Fliesen, *Azulejos* genannt, und Marmorsäulen umschließt dieses Halbrund. Die 52 Nischen dieses Bauwerks mit ihren verfliesten Sitzbänken und Wandbildern repräsentieren – alphabetisch angeordnet – je eine der Provinzen des Landes und sind mit Landkarten, Wappen und Abbildern historischer Ereignisse geschmückt. Aníbal González erbaute diesen berühmten Platz anlässlich der Ibero-amerikanischen Ausstellung von 1929.

Fenster des Costurero de La Reina, des „Nähkastens der Königin", am Parque de María Luisa, heute eine Touristeninformation

Mir gefallen die *Calle Sierpes* mit ihren eleganten Läden und Boutiquen und noch viel mehr die verwinkelten alten Gassen des *Barrios Santa Cruz*. Das vielleicht farbenprächtigste Viertel Sevillas hat eine traurige Geschichte: Es war das ehemalige Ghetto der spanischen Juden, die Ende des 15. Jahrhunderts aus dem Land vertrieben wurden. Heute verliert man sich gern in den engen hohen Gassen, die *Vida*, Leben, und *Muerte*, Tod, heißen. Die weiß gekalkten Häuser mit den Eisengittern vor den Fenstern haben meist große und überaus charmante Innenhöfe – Inseln der Kühle, der Frische und des Duftes auch an den brütend heißen Sommertagen Sevillas. Dazwischen öffnen sich immer wieder kleine Plätze mit Bars und Cafés. Wie in südlichen Ländern üblich, spielt sich das soziale Leben sehr oft im Freien ab. Die Menschen sitzen in den Lokalen, auf den Stufen vor Kirchen oder Denkmälern oder stehen unter Bäumen zusammen, in kleinen oder größeren Gruppen, plaudern, lachen, trinken. Ihre Unterhaltungen sind laut, lebhaft, ausdrucksstark, gestenreich. Ich flaniere herum und nehme Vollbäder dieser südlichen Atmosphäre, dem unsagbaren Blau des Himmels und dem süßen Duft von Millionen Orangenblüten.

Wer an Sevilla denkt, denkt auch an den *Flamenco*. Hier ist die Wiege dieses ausdrucksstarken, leidenschaftlichen Tanzes. Nach wie vor trainieren kleine Mädchen in unscheinbaren Hinterhofschulen, um ihren Traum, ein Bühnenstar zu werden, wahr werden zu lassen. Touristen können den feurigen Tanz in einem der vielen *Tablaos* genannten Flamencolokale erleben. Woher der Tanz kommt, weiß man genauso wenig sicher wie den Ursprung seines Na-

Elegante Spitzenschleier und Haarkämme, traditionelle Accessoires festlicher Tracht der Spanierinnen, im Schaufenster einer Sevillaner Innenstadtboutique

mens oder die Herkunft ihrer besten Vortragenden, der *Gitanos*, die angeblich aus Indien und im 15. Jahrhundert über Südeuropa nach Spanien und vor allem Andalusien gekommen waren, wo sie heute meist unter sich leben.

Ein schauriges Flair haben die Feierlichkeiten der *Semana Santa*, der Karwoche, die in Sevilla von Akteuren und Zusehern mit unvergleichlicher Intensität gefeiert wird. Bald nach Ostern wird die Aprilmesse, *Feria de Abril*, mit Reiterparaden und Festveranstaltungen mit Saus und Braus, Tanz, Speis und Trank gefeiert.

Nun komme ich an die *Avenida del Cid*. Hier flankieren eine Reihe von Bäumen mit großen rosa Blüten das Gebäude der heutigen *Universität*. Sie war einst die *Fábrica de Tabacos*, die Tabakfabrik, ein riesiger, düsterer, neoklassizistischer Bau. Im 18. Jahrhundert war sie die größte Fabrik Europas. Sie gab 10.000 Zigarrendreherinnen Arbeit und war lange Zeit Drehpunkt von Sevillas Wirtschaft, der ein Tabakmonopol hohe Einnahmen sicherte. Georges Bizet inspirierten die Zigarrendreherinnen zu seiner 1875 in Paris uraufgeführten Oper *Carmen*, mit der er sie unsterblich machte. In den Straßen Sevillas habe ich den Eindruck: Carmen lebt! Die Sevillanerinnen betonen ihre weibliche Erscheinung und die Männer zeigen ihr Interesse unverblümter als in nördlicheren Breiten. Ich habe andere Prioritäten als Kleider kaufen, aber ich verspreche mir eines am Ende des Weges. Bei der Busfahrt ist der Chauffeur eine Frau. Sie klappert mit den Fingern zur Musik im Radio, als hätte sie Kastagnetten. Aber die braucht sie nicht.

Casa de Pilatos (1519 erbaut, vor allem spanischer Mudéjar-Stil) | Patio des Museo de Bellas Artes (andalusischer Manierismus)

An der *Plaza de Pilatos* steht ein prächtiger Adelspalast. Sein Eigentümer erbaute ihn nach seiner Jerusalemreise 1519, worauf das Haus vom Volk *Casa de Pilatos*, Haus des Pilatus, genannt wurde. Es vereint Merkmale der italienischen Renaissance, der Spätgotik und vor allem des spanischen Mudéjar-Stils. Im Inneren bin ich sofort hingerissen von der feinen Eleganz des Gebäudes, von seinem *Patio* mit den strahlend weiß ziselierten Stuckbögen, den bunten Azulejos an den Wänden, den arabesken Holzschnitzereien, den Kassettendecken, Stuckdekorationen, den Büsten, vom herrschaftlichen Treppenhaus und den wunderbaren Gärten mit ihren gepflegten Inszenierungen exotischer Pflanzen, den Skulpturen in versteckten Nischen, den Wasserspielen, dem gekonnten Wechselspiel von Leere und Fülle. Heute ist der Palast die Residenz der Herzöge von Medinaceli und Alcalá.

Das *Museum der Schönen Künste* ist nach dem Prado die zweitgrößte Pinakothek Spaniens. Sie wurde 1839 im ehemaligen Kloster der Barmherzigen Brüder, einem Musterbeispiel des andalusischen Manierismus, untergebracht. In 15 Sälen entrollt sich vor einem die Entwicklung der sevillanischen Malerei von der Gotik bis um 1900. Ein besonderer Schwerpunkt gilt dem Barock (17. Jh.) mit seinen „Stars" Bartolomé Esteban Murillo, Juan de Valdés Leal und dem Maler der Mönche, Francisco de Zurbarán, dem ein ganzer Saal gewidmet ist.

Leider bleibt das Löwentor zum ältesten Königspalast Europas heute geschlossen. Dahinter liegt die 913 erbaute islamisch-maurische Wehrburg, Alkazar, die von Pedro I., dem Grausamen, in einen prachtvollen Mudéjar-Palast verwandelt und zu seiner königlichen Residenz gemacht wurde. Ich schließe die Augen und sehe sie vor mir, die Räume aus Tausendundeiner Nacht – die Patios, die Säle mit goldenen Kuppeln, die zauberhaften blühenden Gärten. Auch heute noch wohnt die spanische Königsfamilie hier, wenn sie Sevilla besucht.

Den Sonntag beginne ich mit einem Besuch des Marktes der Briefmarken- und Münzsammler an der *Plaza del Capildo*. Er gerät zu einem Ausflug in eine andere Zeit, denn der Markt selbst gleicht einem jener Kleinodien, die in gläsernen Briefbeschwerern die Zeit überdauern – wegen der unzeitgemäßen Entschleunigung der Verkaufsgespräche, der Sorgfalt ihrer prüfenden Haltung und der Konzentration des Interesses, mit dem sich die Käufer über die potenziellen Objekte ihrer Leidenschaft beugen (siehe Fotos Seite 16 unten).

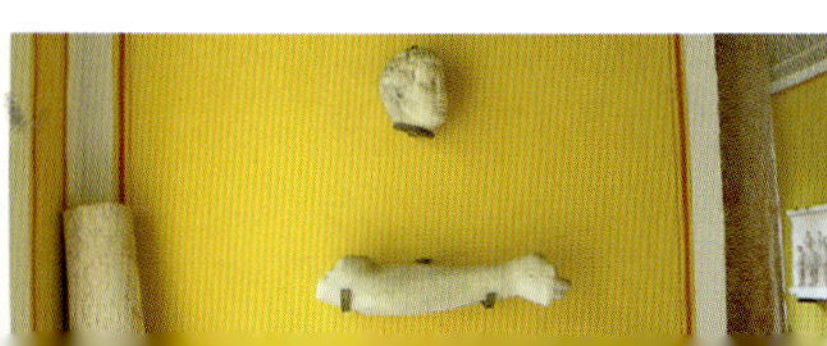

Monumento a la Tolerancia von Eduardo Chillida am Guadalquivir | Temporär aufgestellte Skulpturen von Juan García Ripollés an der Plaza del Triunfo

FRÜHLING LÄSST SEIN BLAUES BAND WIEDER FLATTERN DURCH DIE LÜFTE Eduard Mörike

Dann mache ich einen langen Spaziergang am Ufer des wunderbaren *Guadalquivir*, der Lebensader Andalusiens. Die Mauren tauften ihn *guad-al-gibir*, großer Fluss. Ich komme bald am *Torre del Oro* vorbei. Er wurde im 13. Jahrhundert zum Schutz des Hafens gebaut. Manche glauben, er heißt „Goldturm", weil er innen früher mit goldenen Kacheln verkleidet war, andere meinen, der Name beruht auf seiner Funktion als Depot für die gigantischen Goldmengen, die aus Amerika herangekarrt wurden. Heute ist darin ein kleines Schifffahrtsmuseum untergebracht. Am Salzkai begrüßt mich die 1992 errichtete Betonskulptur *Monumento a la Tolerancia* des großen baskischen Bildhauers Eduardo Chillida. Gleich daneben führt die Eisenbrücke *Puente Isabel II* über den Fluss ins *Triana-Viertel*. Dort finden sich die meisten der kleinen Keramikbetriebe und Töpfereien Sevillas. Grundlegend für dieses Handwerk sind der Guadalquivir als verlässlicher Lehm- und Tonlieferant und das Wissen der Mauren, denn die hispano-arabischen Kunsttöpfer waren Meister der Glasur und ihrer Anwendung in der Architektur.

Auf der Magischen Insel, *Isla Mágica*, kann man, so heißt es, die Atmosphäre Sevillas von 1492 erleben. Aber der Park öffnet erst Anfang April. So empfangen mich Piraten, Schiffbrüchige, Gauner und Erzherzoginnen nur in der Fantasie. Wenig später spaziere ich zwischen den Schloten der Brennöfen einer Keramikfabrik umher. Als Kartäuserkloster Ende des 14. Jahrhunderts nach einer Marienerscheinung gegründet, diente sie Kolumbus für die Vorbereitungen seiner zweiten Amerikareise und sehr viel später Napoleons Truppen als Kaserne. Bis 1982 war die die Cartuja genannte Keramikfabrik in Betrieb. Seither ist hier das *Andalusische Zentrum für Zeitgenössische Kunst*.

Der Spaziergang hat mich miterleben lassen, wie die Sevillaner ihre Auszeiten am Fluss verleben – nicht ungewöhnlich: Sie sind mit Rädern, Rollerblades oder Skateboards unterwegs, gehen, laufen, klettern, sitzen, plaudern, angeln, rudern. Aber über aller Lebhaftigkeit oder Geruhsamkeit ist etwas so besonders Lebensfrohes. Abends am *Paseo de Colón* hat es Ende März 24 Grad. Ein warmer Windhauch weht Blütenstaub durch die Luft – in der schrägen Sonne wird daraus silbern funkelndes Konfetti.

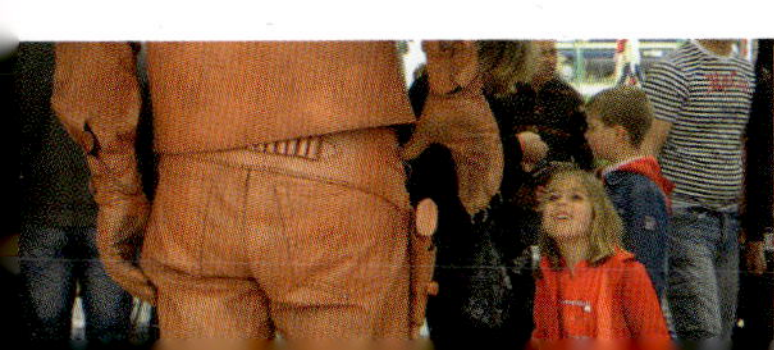

Parque de María Luisa | Jardines de Murillo

Der *Parque de María Luisa* ist nach der Herzogin von Montpensier benannt, die diesen der Stadt geschenkt hatte. Und ein Geschenk muss es sein, vor allem im Sommer, sich zwischen den Schatten und Kühle spendenden Bäumen und Wasserflächen von der Hitze zu erholen. Der 1929 anlässlich der Ibero-amerikanischen Ausstellung neu gestaltete Park ist mit 38 Hektar die größte Grünfläche im Zentrum Sevillas. Er versammelt unzählige hohe, für mich „exotische" Bäume, einen Teich, viele Ruheplätze, Nischen, Lauben, Statuen, Arkaden, Wasserspiele, einen Berg mit Wasserkaskaden und die *Museen für Archäologie und Völkerkunde*. Auf den breiten Alleen patrouilliert regelmäßig berittene Polizei (siehe Fotos unten).

Eine der schattigen Nischen bietet einen angenehmen Rahmen für meine Lektüre über die Geschichte der Stadt. Ich fasse zusammen: Sevilla ist geprägt von den vielen Völkern unterschiedlicher Kultur, die hier im Laufe der Jahrhunderte siedelten. Vor über 2200 Jahren waren das die Römer, die die Stadt „Hispalis" nannten und ihr einen enormen wirtschaftlichen, politischen und kulturellen Aufschwung bescherten. Ihnen folgten die Vandalen, die Westgoten und nach diesen die Mauren, die Sevilla als „Isbiliya" zur ersten islamischen Hauptstadt des eroberten Gebietes machten. Die Mauren schufen mithilfe ihrer geschickten Kunsthandwerker Gebäude mit kühlen Innenhöfen, legten wunderbare Gärten an, in denen die Schatten der Bäume und die Kühle des Wassers Erfrischung brachten, bauten Moscheen, Bäder, leistungsstarke Bewässerungsanlagen, kultivierten bislang unbekannte Nutzpflanzen, brannten farbenprächtige, verzierte Kacheln, Azulejos, bereicherten die Wissenschaften, Kunst und Literatur, vor allem die Poesie, und verstanden sich auf den Gebrauch von Gewürzen und Drogen. Die Menschen verschiedener Herkunft begannen sich zu mischen, was die Stadt, in der Muslime, Juden und Christen zusammenlebten, prägte. Im 13. Jahrhundert geriet das islamische Spanien in eine chaotische Phase, die sich Ferdinand III., der „Heilige", zunutze machte und wichtige andalusische Städte zurückeroberte. Der Hafen verband Sevilla mit dem Handelsstrom Europas und war das Tor zur Entdeckung Amerikas durch Kolumbus. Danach wurde Sevilla zum Zentrum des europäischen Handels, war die Hauptstadt Spaniens und eine der zehn größten

Eingang zur Cartuja, dem heutigen Andalusischen Zentrum für Zeitgenössische Kunst | Tor der Fábrica de Tabacos (18. Jh.), des heutigen Universitätsgebäudes

Städte Europas. Doch die Blütezeit nahm ein Ende: Die Verlegung der Überseeflotte nach Cádiz, die Aufhebung des Monopols für den spanischen Amerikahandel, die Vertreibung der getauften Mauren (Morisken), Pestepidemien und Gebietsverluste in Europa stürzten Sevilla bis etwa 1850 in eine tiefe Wirtschaftskrise. In der Folge kam es zu wichtigen Reformen in Wirtschaft, Städtebau und Erziehungswesen, die Porzellanmanufaktur La Cartuja wurde gegründet, die Tabakindustrie erlebte einen Aufschwung, die Brücke zum Triana-Viertel wurde gebaut, die Aprilmesse Feria de Abril eingeführt. Ein wirtschaftlich stabileres Zeitalter nahm seinen Anfang. 1992 richtete Sevilla anlässlich des 500. Jahrestages der Landung von Kolumbus in Amerika die Weltausstellung aus. Heute ist Sevilla mit 720.000 Einwohnern die viertgrößte Stadt Spaniens und ein touristischer Hotspot.

Ein Teppich hat sich in diesen Tagen vor mir entrollt und ein äußerst vielschichtiges Bild Sevillas gezeigt – Klima und historisch bedingte kulturelle Vielfalt sind prägende Faktoren für seine Fülle faszinierender Facetten: maurisch-arabesk, südlich-sinnlich, katholisch-ernst, leidenschaftlich und temperamentvoll, bunt und modern, streng und traditionsbewusst.

Morgen beginnt meine Wanderreise. Dabei gäbe es hier noch so viel zu sehen: die barocke, weiß-ockerfarbene *Stierkampfarena*, das *Erzbischöfliche Palais* mit seinen manieristischen Innenhöfen, das *Indien-Archiv*, das die weltweit umfassendste Sammlung aller Dokumente, die mit der spanischen Kolonisation zusammenhängen, beherbergt, die prachtvolle Barockkirche *San Luis de los Franceses*, die Stadtmauern im Viertel *La Macarena* und die gleichnamige Basilika, in der die Mater Dolorosa, die Schmerzensreiche von Sevilla, verehrt wird. Sie ist der Mittelpunkt der Prozession am Karfreitagmorgen, wenn ihr über 2000 Büßer aus der Bruderschaft der Nazarener das Geleit geben. Und Flamencoaufführungen, Keramikwerkstätten würde ich gern besuchen, die Goldstickereien der Nonnen im *Kloster Santa Isabel* sehen und 1001 Dinge mehr kennenlernen. Aber ich würde nie „alles" gesehen haben. Ich mag die Stadt sehr.

Vielfältige Verkehrsteilnehmer an der Landstraße SE 184 (wenig nach Sevillas Vorort Camas)

SEVILLA – GUILLENA

1.
ETAPPE

Aufbruch! Ich habe Schmetterlinge im Bauch: den „Zauber des Anfangs“ und meine Angst vor unangenehm verlaufenden Begegnungen, allein, in der Mitte von nirgendwo. Statt mich in ängstlichen Vorstellungen zu verlieren, versuche ich, mich auf das Jetzt und den nächsten Schritt zu konzentrieren.

Dann geht es los: von der Kathedrale in Sevilla aus durch das *Triana-Viertel* mit seinen vielen Azulejo-Shops. Die Wegsuche ist problemlos. Erstmals weist die blaue Kachel mit der gelben Muschel den Weg. Bald ist der Stadtrand erreicht und damit Parkplätze, Hochspannungsleitungen, Müll, ein dichtes Straßennetz und viel Verkehr. Aber auch das Ländliche ist hier überraschend schnell da: Am Ufer des Guadalquivir weiden Pferde hüfthoch in blühenden Margeriten. Hier wären eigentlich Schotterhalden – jetzt sind sie von einem wogenden Blütenteppich überzogen. Dazwischen siedeln Gitanos in zusammengeflickten Baracken. Ein Mann geht allein vor mir, dreht sich immer wieder um, bleibt stehen. Ich nehme lieber die übersichtlichere Straße als den Feldweg.

Nach *Camas*, einem nicht gerade schmucken Vorort Sevillas, geht es am Straßenrand durch ein Industriegebiet mit Autohäusern und -reparaturwerkstätten, Tankstellen, Kachelfabriken, einer Flaschenkorkherstellung, einer Halle, von deren Decke unzählige Schinken hängen, und einem Umspannwerk. Zwischen dem dichten Netz mächtiger Stromleitungen segeln Mini-Wölkchen am blauen Himmel. Das Wetter ist prächtig und ich verwende heuer erstmals Sonnenhut und -crème. Ein Radfahrer ruft mehrmals „buen camino, Señora!“ Wenig später wünscht mir eine alte Frau dasselbe und das berührt mich sehr.

Kurz vor *Santiponce* ist rechts das 1301 gegründete *Monasterio de San Isidoro del Campo* unübersehbar. Hier übersetzte ein Mönch ab 1550 erstmals die Bibel ins Spanische. Nach Auflösung der Klöster im 19. Jahrhundert wurde es nacheinander als Erziehungsanstalt, Tabakfabrik und Bierbrauerei genutzt. Inzwischen wurde es aufwendig renoviert. Kreuzgänge, Refektorium, zwei gotische Kirchen, einige besondere Wandgemälde und vor allem der riesige geschnitzte Altaraufsatz, *Retablo*, von Juan Martínez Monañés (17. Jh.) wären sehenswert, aber von Oktober bis März ist das Kloster nur an Feiertagen und am Wochenende geöffnet und heute ist Dienstag.

Ausgrabungen der Römerstadt Itálica (206 v. Chr. gegründet): Amphitheater | Mosaik des Planetariums

EINE REISE VON TAUSEND MEILEN BEGINNT MIT DEM ERSTEN SCHRITT. Lao-Tse

Gleich nach Santiponce kommt *Itálica*, die erste römische Siedlung in Südspanien. Sie wurde 206 v. Chr. von Publius Cornelius Scipio als Veteranenkolonie gegründet, nachdem es den Römern hier in einer Schlacht gelungen war, die Karthager von der Iberischen Halbinsel zu vertreiben. Sie gilt als Geburtsort der römischen Kaiser Trajan (53–117 n. Chr.) und seines Nachfolgers Hadrian (76–138 n. Chr.), unter dem die heute teilweise ausgegrabene Neustadt samt Wasserversorgung und Kanalisationsnetz entstand. Die Altstadt liegt unter Santiponce begraben. Die Westgoten nutzten Itálica als Festung, später war die Stadt Bischofssitz. Ihr Niedergang begann mit der Eroberung der Mauren. Die verlassene Stadt diente lange als Steinbruch. Die ersten Ausgrabungen fanden im 18. Jahrhundert statt. Absolut sehenswert ist das *Amphitheater*, das mit 160 Meter Länge und Platz für bis zu 25.000 Menschen das drittgrößte des Römischen Reiches war. Viele der *Bodenmosaike* sind heute im *archäologischen Museum* in Sevilla zu sehen. Aber auch vor Ort findet sich Schönes, z. B. das Neptunmosaik, die Mosaike des Planetariums, der Vögel oder des Labyrinths. Im rekonstruierten *Teatro Romano* in Santiponce findet übrigens alljährlich das Europäische Griechisch-Lateinische Theaterfestival statt.

Bald nach Itálica geht es in einen Feldweg, der schnurgerade über baumloses, welliges Gelände führt. Obwohl die Szenerie so übersichtlich und völlig harmlos ist, habe ich Herzklopfen bei jeder Begegnung – mit dem Radfahrer, dem Mopedfahrer, dem Reiter. Die schräge Abendsonne zwischen blaugrauen Wolken lässt die gelbgrüne Weide mit den braunen Rindern aufleuchten. Nach einer Gehstunde stehe ich vor der angekündigten Furt. Jetzt ist sie bestimmt zehn Meter breit und unbestimmt tief. Gefährlich ist die Durchquerung sicher nicht bei der trägen Fließgeschwindigkeit, aber ich weiß sofort, dass ich diese grüngraue Brühe auf keinen Fall durchwaten will, auch wenn mich der Entschluss einen unbestimmt langen Umweg kostet. Ich gehe zurück und nehme einen Feldweg Richtung Autobahn. Meine Hoffnung erfüllt sich: Ich treffe auf die Bundesstraße N 630. Auf der komme ich zum ersten Etappenziel: *Guillena*.

Meine Beklemmung bestimmt den emotionalen Grundton des ersten Wandertages. Der Weg fordert mich. Aber eines ist immer stärker: die Sehnsucht.

Gut Cortijo el Chaparral

GUILLENA – CASTILBLANCO DE LOS ARROYOS

2.
ETAPPE

Morgensonne und nur wenige Wolken. Von der Herberge beim Sportplatz weisen gelbe Pfeile zuverlässig den Weg. Erst gilt es, den Fluss *Rivera de Huelva* zu überqueren und seinem Bett ein Stück weit zu folgen. Danach leiten die gelben Pfeile einem beeindruckenden Kakteen-Zaun und einigen Häusern entlang auf eine Erdstraße, durch ein kleines Industriegebiet und dann in einen Feldweg. Auf diesem steigt man sanft einen Berg hinan. Einige Felder und Orangenplantagen, vor allem aber Millionen Olivenbäume, säumen den Weg. Menschenleere. Eine große Ruhe liegt über dem Land. Ich dagegen bin unruhig und gehe flott – meine innere Aufgewühltheit treibt mich an. Es ist nicht die Einsamkeit, die mich bedrückt, sondern dieselbe Beklemmung wie gestern. Heute kommt dazu, dass ich Dehesas, Weideland, mit freilaufenden Rindern zu überqueren habe. Ich kann diese Tiere nicht einschätzen, außerdem können angeblich mitunter auch Stiere mit auf der Weide sein. Die Tiere seien in der Regel scheu, meint Cordula Rabe in ihrem Wanderführer zur Vía de la Plata. Hoffentlich. „Sie sollten jedoch auch nicht unnötig gereizt werden“, heißt es dort – ich werde mich hüten. Aber allein gehen, und als Frau dazu, macht einen Unterschied. Wäre ich in Begleitung, dächte ich über manches keine Sekunde nach.

Eine Tafel weist auf den Beginn der *Sierra Norte* und des königlichen Weidewegs *Cañada Real de las Islas*. Das ist eine der uralten Viehwanderrouten Spaniens. Schon die Westgoten haben ihre Herden von Castilla y León in die südlichere Extremadura zum Überwintern getrieben, um die Winterkälte zu vermeiden und zur Erholung der Weiden. Dieser zweimal jährlich stattfindende Herdentrieb erreichte im späten Mittelalter enorme Ausmaße. Damals waren Schafe der wichtigste Wirtschaftsfaktor des Landes. Das Viehwegenetz maß etwa 124.000 Kilometer. Die *Cañadas Reales*, die Königlichen Viehwege, waren die größten: Schaf-Straßen mit bis zu 75 Metern Breite. Die *Cañada Real de la Plata* folgte in etwa der *Vía de la Plata*. Seit Ende der 1990er Jahre wird versucht, einige der alten Viehwege zu erhalten und sogar den Herdentrieb wiederzubeleben. Um ein Zeichen zu setzen, werden jedes Jahr im Herbst 2000 Schafe durch das Zentrum von Madrid getrieben.

Blühende Zistrosenbüsche bedecken die Hänge | Blühende Eichen in der Abendsonne

WENN MAN SEINE RUHE NICHT IN SICH FINDET, IST ES ZWECKLOS, SIE ANDERNORTS ZU SUCHEN. François La Rochefoucauld

Schließlich komme ich zum angekündigten Gut *Cortijo el Chaparral*. Und das Gefürchtete passiert: Kaum sehen mich die Rinder, rennen sie auf mich zu. Sekunden später bemerke ich, dass ihr Laufen überhaupt nichts mit mir zu tun hat! Trotzdem gehe ich zunächst gespannt und kurzatmig über die große freie Fläche. Aber die Tiere weiden und zeigen keinerlei Interesse an mir. Ich entspanne mich zusehends und kann immer mehr genießen, wie wunderschön die kleinhügelige Dehesa ist, mit ihren Korkeichen und unglaublich viel Blühendem, Duftendem: Ganze Hänge sind übersät mit Sträuchern voll handtellergroßer, weißer Zistrosen, dann folgen Passagen, wo gelber Ginster das Bild prägt, bald Hänge voll lila Schopflavendel. Auf grünen Wiesenkuppen und -hängen stehen Eichen, wie man sie sich gesünder nicht vorstellen kann: perfekte, runde Baumkronen auf geraden Stämmen. In ihren punktförmigen Schatten ruhen Rinder und Pferde. Der Erdweg schlängelt sich durch dieses friedliche Bild, das mich nun ganz erfüllt. Nach etwa drei Stunden Wanderzeit halte ich Rast im Schatten, trinke einen halben Liter Wasser ohne abzusetzen und schreibe. Durch den Aufenthalt kommt mir ein Pilger nach. Wir grüßen einander, er geht weiter. Das zeigte sich schon gestern: Auch wenn man auch tagsüber mitunter nicht einen einzigen Pilger sieht, weil wir uns alle im etwa gleichen Tempo weiterbewegen, ist man noch lange nicht allein unterwegs. Das beruhigt. Und ich bekomme erstmals eine Ahnung von der so viel tieferen Verbindung zu Spanien, seiner Erde, *la Tierra*, die diese vielen Schritte mit sich bringen werden.

An diesem Tag sind viele Gatter zu öffnen und zu schließen. Etwa eine halbe Stunde Wegzeit nach dem letzten kommt man auf eine Erdstraße und bald darauf auf die Landstraße A 3102. An ihr entlang führt ein Pfad in etwa drei viertel Stunden zum heutigen Etappenziel: dem kleinen andalusischen Ort *Castilblanco de los Arroyos* mit seinen weiß getünchten Häusern und den Störchen am Kirchturm. Der nette Tankwart sagt, dass vom *Mesón del Agua* aus dem 16. Jahrhundert, in dem Miguel de Cervantes die hier angesiedelte Novelle *Las dos Doncellas*, Die zwei Nebenbuhlerinnen, geschrieben hat, nicht mehr viel übrig ist, und stempelt gern meinen Pilgerpass. Gleich daneben ist die Herberge.

Castilblanco de los Arroyos (345 m, 4550 Einwohner)

CASTILBLANCO DE LOS ARROYOS – ALMADÉN DE LA PLATA

3. ETAPPE

Ich stehe im Finstern auf und bin schon im ersten Morgenlicht in Castilblanco unterwegs. Entzückt fotografiere ich auf dem Kirchturm im Ort die ersten Störche dieser Reise. Ich freue mich auf den Weg, das Gehen und schlage eine Einladung zum Kaffee aus.

Das graue Band der Landstraße führt den ganzen Vormittag hügelauf, hügelab durch eine schöne Gegend. Ich habe viel zu schauen und zu hören. Der makellose Morgen zeigt sich im Ganzen und im Detail: mit Tau auf jedem Grashalm und Nebelseen in den tieferen Lagen. Nur manchmal ist die wunderbare Symphonie der Vögel und Bienen, des Kuckucks und der Kühe in den friedvollen Dehesas ringsum von den Motorengeräuschen vorbeifahrender Autos unterbrochen. Eine ganze Weile lang steigt die Straße stetig an. Eine Wespe sticht mich. In Rumänien hatte mich einmal ein durch einen Wespenstich verursachter Kreislaufkollaps einen Tag lang niedergestreckt. Hoffentlich blüht mir das jetzt nicht, hier, „allein" auf der Straße. Da halten auch schon zwei Radpilger trotz der beschwerlichen Steigung und fragen, ob sie helfen können. Aber es geht mir gut. Gegen Mittag beginnt sich die Strecke doch zu ziehen, wohl auch, weil mich die über Nacht entstandenen Halsschmerzen und ein leichter Schnupfen plagen. Aber eindrücklicher als das sind die Idyllen rundherum: unter den Korkeichen ein Tausend-Blumen-Teppich, auf dem da und dort Pferde, Rinder, Ziegen und Schweine weiden.

Nach dreieinhalb Stunden komme ich zum Eingang in den *Naturpark el Berrocal* und raste erst mal. Angesichts des vor mir liegenden Gebietes bin ich sofort erleichtert: Ich hatte mir den Wald, aufgrund verschiedener Beschreibungen finster, dicht und endlos vorgestellt und der Gedanke, ihn allein zu durchwandern, hatte etwas Unangenehmes. Groß ist das Waldgebiet tatsächlich, aber licht und freundlich, mit Korkeichen, Pinien, Eukalypten, und ein strahlenderes Blau hat der Himmel bisher nie gezeigt. Während der Pause am Bach beobachte ich Wasserflöhe, einen Vogel am Strauch, majestätisch kreisende Geier. Man hört nur Vogelgezwitscher und Insektengesumm. Eine Orange, ein Schluck Wasser tun gut. Inzwischen haben mich viele Pilger überholt. Ich gehe am langsamsten von allen. In Reiseberichten ist von großer Einsamkeit auf dieser Strecke zu lesen. Auch dieser Faktor hat sich (wie jeder einzelne andere auch) als harmloser erwiesen, als aufgrund der Lektüre imaginiert.

Almadén de la Plata (507 m, 1660 Einwohner)

DIES IST DER TAG, DEN GOTT GEMACHT. Christian Fürchtegott Gellert

Auf der hellen, breiten Forststraße wandere ich weiter. Eine Zeit lang ist sie von buntem Schiefer gesäumt – kleine, gelbe, rote, braune Plättchen, die sich leicht lösen. Ich nehme welche mit. Ein ganz leichter Wind erhebt sich und erleichtert das Gehen. Andererseits gesellt sich zum Halsweh verblüffenderweise ein Schmerz in der rechten Hüfte. Ich bitte sie, diese Wanderung gut durchzustehen, und bemerke, dass mir mein Körper bewusster und daher näher, lieber ist. Der Stock ist hilfreich, auch den Hüftschmerz betreffend.

Der steile Aufstieg auf den Kalvarienberg am Ende des Gebietes ist mühsam am Ende dieses langen Wandertags. Dafür ist der Ausblick umso lohnender: Der Blick fällt auf den Naturpark – das Land in verschiedenen Grüntönen vom hellen Grün des Grases, über die gelbgrünen, bauschigen Häupter der blühenden Korkeichen bis zu den dunklen Tupfen der Kiefern und dem Graubraun der Eukalypten in der Ferne. Aber zwischen denen bin ich doch eben erst gegangen?! Mir scheint, man kommt weit in einigen Wanderstunden, trotz Zeitlassen und körperlicher Beeinträchtigungen. Hinten verliert sich alles in hellem Blau. Es ist ein frühlingshaftes Bild. Auf der anderen Seite liegt *Almadén de la Plata*: weiße Häuser, der rostrote Turm des Rathauses, der weiß-gelbe der Kirche, links hinten das Neue, die Sonnenkollektoren, und rechts im Bild das Alte, der *Marmorsteinbruch*. Hier haben schon die Griechen, Römer und Phönizier blauen Marmor abgebaut, weswegen die Araber den Ort *Al Medin Balat*, Minen/Steinbrüche an der Straße, nannten. Heute sind die Steinbrüche stillgelegt. Später schlendere ich dort herum und finde Marmor so weiß wie Zucker und hellrosa und weiße Blöcke mit feiner, blauer Äderung. Der Boden des Steinbruchs ist übersät mit winzigen pinkfarbigen Blüten.

Abends im Lokal schmeckt das Pilgermenü nicht nur dank der zufriedenen Müdigkeit nach fast 30 Kilometern Gehstrecke sehr gut, und die Pilger und Pilgerinnen klatschen, als im Fernsehen die Wettervorhersage für die *Extremadura* gezeigt wird: gelbe Sonnen, tagelang. Der Sherry kostet nur einen Euro und ich nehme gleich zwei.

Morgensonne in Almadén de la Plata | Langbeinige, schwarze Schweine, Cerdos Ibéricos, in einer Dehesa

ALMADÉN DE LA PLATA – EL REAL DE LA JARA

4.
ETAPPE

Rosa Morgenlicht auf den weißen Häusern von *Almadén de la Plata*. Bei der Stierkampfarena begegne ich einem (besser gesagt: dem) finnischen Pilger. Er trägt eine finnische Fahne bei sich und einen Rucksack aus Stroh, auf den er Strohschuhe befestigt hat. Er bittet mich, ihn zu fotografieren. Er spricht nur finnisch, daher ist unsere Unterhaltung kurios und kurz. Später erfahre ich von anderen, dass er seit zweieinhalb Jahren unterwegs ist und schon nach Jerusalem gepilgert ist. Von Lappland aus.

Bald bin ich bezaubert von der morgendlichen Lichtstimmung: In einer Dehesa fällt die schräge Morgensonne auf die grauen, hochbeinigen Schweine, die neugierig und recht flink herumlaufen, sich vergnügt im Sand wälzen, grunzen. Ihr Leben dürfte wohl das Paradies auf Erden für sie sein: viel Platz, jede Menge Auslauf, wohlschmeckendes Futter.

Das Beste des Tages kommt noch: Ich lerne Arnoud Krever und seine beiden Wandergefährten kennen, alle drei Holländer, um die sechzig. Arnoud ist Gymnasialprofessor für Allgemeine Naturwissenschaften, Autor, leidenschaftlicher Wanderer und erfahrener Pilger. Vor zehn Jahren ist seine Frau an Brustkrebs gestorben. Arnoud ist dann den Jakobsweg via Burgos und León – aber von Den Haag aus gegangen – und den ganzen Weg wieder nach Hause: 5500 Kilometer weit. Er hat diesen Weg seiner Frau gewidmet.

Wir tauschen unsere Lebensgeschichten aus. Da ist eine Vertrautheit, die unter „normalen" Umständen nicht so leicht da wäre, zumindest meinerseits. Auch wenn die Gespräche ernste Inhalte berühren, werden sie aus einer heiteren Sicht geführt. Wenn man in Santiago de Compostela die Pilgerurkunde bekommen will, müsse man einen Fragebogen ausfüllen, erzählt er. Wenn man bei „Motiv für die Reise" die Antwort „sportlich" oder „kulturhistorisch" ankreuzt, wird sie einem verwehrt. Nur wer sich als „religiös" oder „spirituell" motiviert einstuft, bekommt sie.

Arnoud Krever | Castillo (14. Jh., Mudéjar-Stil) oberhalb von El Real de la Jara (535 m, 1700 Einwohner)

WOHIN DU AUCH GEHST, GEH MIT DEINEM GANZEN HERZEN. Konfuzius

Dann fragt er, „Would you care for a Cappuccino?" – „I'd love one. But we're in the middle of nowhere ...?" Und schon nimmt er seinen Rucksack herunter, packt den Benzinkocher, den Kochtopf, die Wasserflasche, den Windschutz, das Feuerzeug, den Kaffee, den Zucker, die Löffel aus und kocht uns allen Kaffee am Straßenrand. Einen Becher für einen „Gast" hat er immer dabei. Es ist eine Wohltat zur Krönung unseres gemeinsamen Gehens.

Es stellt sich heraus, dass Arnoud Zelt, Matte und alles Notwendige mit sich trägt, um jederzeit nächtigen zu können. Der Rucksack ist so natürlich schwerer, aber er kennt sich – mehr als 24 Kilometer am Tag mag er nicht gehen. Seine Autarkie erlaubt ihm, die Etappen individuell zu gestalten, und er muss sich nie überstrapazieren. Sehr viel später erfahre ich, dass ihn seine gleichmäßigen Etappen am schnellsten von uns allen ans Ziel gebracht haben.

Viele Geier ziehen majestätische Kreise über uns. Heute achte ich wenig auf die Landschaft. Wir wandern den ganzen Weg auf dem Landsträßlein nach *El Real de la Jara* und wissen noch nicht, dass der schönere Weg durch die *Finca Arroyo Mateo* jetzt doch wieder möglich gewesen wäre. Es macht nichts.

In Real wurden den Tieren Denkmäler gesetzt, dem Wildschwein, dem Hirsch, dem Wiesel. Der Ort ist zwischen den Ausläufern der Sierra Norte und der *Sierra Morena* an der Grenze zur Extremadura gelegen. Er ist ein beliebter Ausgangspunkt für Ausflüge in die naturvollen Landschaften ringsum. Die Dorfkirche *Iglesia de San Bartolomé* (15. Jh.) beherbergt ein Gemälde, das Francisco de Zurbarán zugeschrieben wird. Es heißt Las Ánimas, die Seelen. Weil es nur zur Messe besichtigt werden kann, komme ich nicht in diesen Genuss. Dafür steige ich abends hinauf zum *Castillo*, der Burgfestung, über dem Ort. Sie wurde im 14. Jahrhundert im Mudéjar-Stil erbaut. Es ist kühl und der Wind orgelt zwischen den Mauern der großen Burg. Erst denke ich, ich sei allein hier, aber nein, der große Bau ist bewohnt: von einer Storchenfamilie. Der Fernblick ist schön. Über dem Nachbarort *Santa Olalla del Cala* thront die nächste Festung. Der Wind schickt silbrig-grüne Wellen über das Kornfeld.

EXTREMADURA

Vor mir liegen nun etwa 320 Kilometer durch die einsamen Hochebenen der Extremadura. Im Sommer hat brütende Hitze das Land fest im Griff, im Winter ist es – im spanischen Vergleich – mit bisweilen unter 0 Grad recht kalt. Es sind nicht diese Extreme oder das harte Leben der Menschen hier, die ihr den Namen gaben, sondern ihre Abgeschiedenheit: Der Name leitet sich her von *Extremos del Duero*, Jenseits des Flusses Duero.

Nirgends begleitet den Pilger die römische Vergangenheit Spaniens intensiver als auf seinem Weg durch diese Region. Schon allein deshalb, weil eine Station *Mérida* ist, das vor 2000 Jahren zu den politisch, wirtschaftlich und kulturell bedeutendsten Städten des römischen Imperiums gehörte. Immer wieder kommt man zudem an römischen Ausgrabungen vorbei, wie z. B. dem bekannten *Arco de Cáparra*, Torbogen von Cáparra, im Norden der Provinz Cáceres, und römische Meilensteine flankieren häufig den Weg. Außerdem folgt der *Camino* in der Extremadura über weite Strecken der römischen Originalroute. Gelbe oder grüne Kacheln auf großen Granitwürfeln informieren den Wanderer darüber: Grün bedeutet, dass die Streckenführung der römischen Vía de la Plata folgt, Gelb kennzeichnet begehbare andere Wege. Neben der originalen Römerroute folgen auch die Cañadas Reales dem Weg und die Autobahn A 66 sowie die Bundesstraße N 630, an deren Seitenstreifen man viele Kilometer gehen wird.

Mérida, die Hauptstadt der Extremadura, und Cáceres sind kulturelle Highlights. Aber auch und vor allem dem Naturliebhaber hat die Region viel zu bieten: große intakte Naturräume, Gebirge und Flüsse – im Süden die Ausläufer der *Sierra Morena* und der Fluss *Guadiana*, im Norden die *Sierra de Gredos* und der Fluss *Tajo*. An die Sierra Morena schließen bald die riesigen Weiten der südlichen Extremadura an. Diese Ebenen sind primär landwirtschaftlich geprägt von Wein und Oliven und am wichtigsten: von den Dehesas, Weiden, mit reichen Eichenbeständen. Sie sind Musterbeispiele mehrfacher und ökologisch sinnvoller Nutzung: Aus den alle neun Jahre geschälten Rinden der Korkeichen werden Flaschenkorken hergestellt. Das Holz der Steineichen wird zu Holzkohle weiterverarbeitet. Dazwischen grasen Herden von Rindern, Schafen, Schweinen auf saftigsten Wiesenkräutern. Die Eicheln der Bäume, *Bellotas*, sind ein wichtiges Nahrungsmittel der Schweine und mit ein Grund, warum der luftgetrocknete Schinken der halbwilden, schwarzen Schweine, der *Jamón Ibérico de Pata Negra*, der vielleicht beste – und teuerste – weltweit ist. Allerdings liegen viele Großgrundbesitze brach oder werden als Jagdgründe verpachtet, während 40.000 Landarbeiter arbeitslos sind. Armut und Abwanderung haben hier Tradition: Die Gegend verarmte bereits nach dem Ende des römischen Imperiums. Nach der Reconquista haben Santiago-Ritter die Orte wiederbesiedelt und das Land in einen Schafspferch verwandelt. Wer kein Land hatte, musste anderswo sein Glück suchen. Daher waren es besonders Menschen aus der Extremadura, die in die Neue Welt auswanderten und hofften, dort ihr Glück zu machen. Auch die berüchtigten Konquistadoren Francisco Pizarro und Hernán Cortés stammten von hier. Der Reichtum, den sie durch das geplünderte Gold erlangten, spiegelt sich in vielen Palästen der Städte dieser Region wider. Auch heute noch sind viele Straßen nach Pizarro und Cortés benannt. In der Extremadura, die etwa so groß wie die Schweiz ist, leben heute etwa 27 Menschen pro Quadratkilometer. Sie haben das geringste Einkommen Spaniens. Ab dem *Tajo* beginnt der herbere Norden der Extremadura, durch den die letzten vier Wandertage führen. Dabei steigt der Weg von 271 Meter Seehöhe auf 894 Meter an, zum *Pass Puerto de Béjar*, der Grenze nach *Castilla y León*. Am Pass beeindruckt das Gebirge *Sierra de Gredos*, dessen bis weit in den Sommer schneebedeckte Gipfel um 2400 Meter Höhe eine natürliche Grenze zu Kastilien bilden.

Schwarze Schweine, die ein wohl „paradiesisches" Leben führen.

EL REAL DE LA JARA – MONESTERIO

5.
ETAPPE

Nach einer halben Stunde ist die Grenze zur Extremadura erreicht. Dort steht die malerische Ruine des *Castillo de las Torres* (siehe Foto links unten). Die Burg wurde im 13./14. Jahrhundert vom Santiago-Orden zur Sicherung des Weges und als Herberge errichtet. Ein Feldweg führt zwischen Dehesas weiter. Dann wird das Land offener, almartiger. Man kommt vorbei an der *Ermita de San Isidoro*. Er ist der Schutzpatron der Landwirte, der am 15. Mai in der ganzen Extremadura ausgelassen gefeiert wird. Es folgt ein Stück am Seitenstreifen der N 630, dann geht es durch einen Eukalyptuswald, dann wieder der N 630 entlang. Irgendwo in einer Dehesa wird ausgelassen gefeiert. Der Wind trägt Fetzen feuriger Flamencomusik her – akustische Blitze. Außerdem bescheren Wind, Wolken und seltene Sonnenstrahlen besondere Seh- und Hörerlebnisse. Aber Gegenwind und die sanfte, beständige Steigung strengen mich an, ich bin auch nicht fit heute. Es ist kalt. Ich trage Anorak, Faserpelz, Haube. Der Weg ist weiter und fordernder, als ich dachte. Wie schaffen das die Senioren?

Dann ist *Monesterio* erreicht – die Schinkenhauptstadt, hier wird überall bester luftgetrockneter iberischer Schinken verkauft. Er ist sein Geld wert: 100 Gramm kosten ca. € 7,50. Abends mache ich einen lohnenden Ausflug zum 15 Kilometer entfernten *Kloster Tentudía* (13. Jh.) auf 1110 Meter Seehöhe. Es hat einen wunderbaren Mudéjar-Kreuzgang aus Ziegeln mit weißen Wänden und dunklen Holzbänken. Im Innenhof hängt der Nebel und der Wind heult. Einer der Altäre aus bunten Azulejos zeigt Jakob als Maurentöter (siehe Fotos unten).

... Denselben Eindruck gewinnt man von den Schafen.

MONESTERIO – FUENTE DE CANTOS

6.
ETAPPE

Bald nach Monesterio erwarten den Wanderer wieder Dehesas mit Steinblöcken und herrlichen alten Steinmauern. Kühe grasen unter ausladenden, gelbgrün blühenden Korkeichen. Der Friede der Landschaft setzt sich in mir fort, und ich freue mich am Gehen – so anders als gestern.

Dann werden die Leerräume zwischen den Bäumen immer größer. Auf der baumlosen, windigen Hochebene öffnet sich das Land und der Blick reicht zurück über Hügel mit Eichen-Dehesas bis zum Horizont. Dazwischen leuchtet es hier und da weiß – Dörfer mit der Kirche immer zuhöchst in der Mitte. Die Jause aus Wurst, Käse, Brot schmeckt vorzüglich. Nachmittags durchwandere ich wunderschönes, bares Hügelland. Weil es teilweise landwirtschaftlich genutzt wird, bedeckt es die rot-grün-braune Patchworkdecke der Felder und Wiesen, deren Farben im rasch wechselnden Licht changieren. Im Hinschauen tun sich Wunder auf. Schafe fressen sich bimmelnd heran.

Michael leistet mir beim Pilgermenü in *Fuente de Cantos* Gesellschaft. Er ist von Cádiz losgewandert und sorgt sich, ob seine Sehnen die Fußreise nach Santiago zulassen. Nachts sitze ich im Salon der Herberge, dem top-renovierten Kloster *Convento de los Frailes de Zurbarán* (siehe Fotos unten). Es ist vollkommen still. Ich betrachte die beleuchtete Palme im Innenhof. Sie ist voll Würde und Unschuld und vollkommen sie selbst. Sie zeigt mir etwas vom Wesen pflanzlichen Seins. Ich bin froh, dass mich das Schnarchen eines Mitpilgers hierher vertrieben hat.

Weite Felder unter einem weiten Himmel

FUENTE DE CANTOS – ZAFRA

7. ETAPPE

Ich genieße den Frühstücksraum der Herberge: das schöne Gewölbe, moderne Tische und Sessel und den Tresen aus verrostetem Eisen mit dicker Marmorplatte, als Fußraster zwei Steinquader. Glas, Holz. Das Frühstück ist sehr einfach. Die wenigen Pilger sind schon weg – schade, die blonde Dänin hätte ich gern kennengelernt. Aber da sie gestern offensichtlich ihr Alleinsein in der Abendsonne so genoss, sprach ich sie nicht an.

Fuente de Cantos, Quelle der Lieder, ein würdiger Name für Francisco de Zurbarán (1598–1664), der hier geboren wurde. Er ist einer der wichtigsten Maler des spanischen Barock, berühmt für seine Mönchsbilder. Cees Nooteboom schreibt über ihn: „Zurbarán war aufgrund seiner persönlichen Situation und der Zeit, in der er lebte, dazu verurteilt, Mönche zu malen. Mönche waren seine Brot- und Auftraggeber, schrieben ihm, und zwar äußerst minuziös, die Themen vor. (...) Dabei malte Zurbarán gar keine Mönche. Er malte Kutten. Er malte Stoff. Hokusai malte jeden Tag einen Löwen in der Hoffnung, irgendwann einmal den vollkommenen Löwen zu Papier zu bringen. (...) Womit Zurbarán sich auseinandersetzte, Bild für Bild, war Material, die Plastizität (Falten) von Materie, die Primärfarben. Alles zusammengenommen, muss er endlose Meter Weiß und Schwarz gemalt haben, mitunter mehrere Quadratmeter pro Bild. Alle Rätsel, die dabei in Bezug auf Licht und Schatten auftauchen, alle sich aus dem Stoff-Fall ergebenden Veränderungen des Lichteinfalls hat er gemalt (...), ein Essay über das Verhältnis von Licht, Farbe und Stoff, wie es dies bis Cézanne nicht mehr geben sollte. (...) eine Studie, die solch intensive Formen annahm, dass man von Mystik sprechen kann. Und dann ergibt sich das Paradox, dass nicht das Bild, selbst wenn es eine mystische Erfahrung darstellt, den Eindruck des Mystischen erweckt, sondern dass diese Wirkung von zwei mal zwei Meter Weiß oder Schwarz, von denen das anekdotische Auge einfach abgleitet (...), ausgeht." (Nooteboom, 99–100)

Begierig, mehr über diesen Lieblingsmaler zu erfahren, bin ich dann enttäuscht über das technisch aufwendig eingerichtete, aber schlecht gewartete Interpretationszentrum über ihn im Kloster. Im Ort ist sein *Geburtshaus* zu besuchen. Heute ist zu, aber ich will dennoch sehen, woher der großartige Licht-Schatten-Maler kam. Das Haus ist exakt so wie die meisten im Ort – das heißt: Das Ortsbild hat sich seit dem 17. Jahrhundert fast unverändert erhalten. In Zafra werde ich wieder Originale von Zurbarán sehen, und das ist das Wichtigste. Ich wandere los.

Die Etappe von Fuente de Cantos bis Zafra ist die erste von vier durch die „Tierra de Barros", das „Lehmland".

Über ein Meer von unglaublich strahlendem Blau segeln weiße Wolken bis zum klar begrenzten Horizont. Darunter breitet sich die „majestätische Monotonie" (Nooteboom, 105) der Landschaft aus – „streng, klassisch, karg, die Orte Flecke von Weiß, das in den Augen schmerzt. Man sieht die Menschen schon von weitem daherkommen, scharf abgegrenzt in diesem Licht, das Menschen als Figuren definiert, die Dimensionen der Landschaft geben jedem Gang etwas Feierliches. All dies ist in seine Augen gedrungen – die Umgebung als erster Lehrmeister" (Nooteboom, 105). Dies ist Zurbaráns Land, die *Tierra de Barros*, das Lehmland. Ich werde es 80 Kilometer weit, vier Tage lang durchwandern. Die heutige Tranche von 25 Kilometern bis Zafra ist unterbrochen vom Besuch der festungsartigen Kirche in *Calzadillo de los Barros* aus dem15./16. Jahrhundert, um ihren besonders schönen Altaraufsatz im gotischen Mudéjar-Stil zu sehen. Auf den 28 Tafeln wird, neben Szenen aus dem Leben Christi, Jakob als Pilger dargestellt. In der Kirche wird mir leicht zumute.

Auch heute passt mir das schweigsame Wandern gut. Der Blick geht vor allem nach innen, und ich fände es schade, abgelenkt zu werden. Mir scheint, viele bevorzugen, untertags für sich zu bleiben. Und sie tragen ihr Herz nicht auf der Zunge. Der Grund, warum einer den Weg geht, gehört nicht zum üblichen Gesprächsstoff. Dazu braucht es größere Vertrautheit. Die Rede ist eher vom Bewältigen des Weges, von physischen Kümmernissen, von Organisatorischem. Das Erdige, Fundamentale wird eher besprochen als das Emotionale, Spirituelle. Aber wie der Benediktiner Anselm Grün sagt, „Man kann den Glauben aber auch lernen, wenn man auf seinen Leib hört, sich im Leib einübt in das rechte Atmen, in die rechte Gebärde. Das Gehen gehört zur letzten Form der Meditation. Es ist eine Meditation im Leib und mit dem Leib" (Grün, Wege, 10). 930 Kilometer geht bestimmt niemand „nur so". Aber der Grund ist geheim, und es mag sein, dass er sich einem selber erst im Gehen eröffnet.

Heute weht den ganzen Tag kalter Gegenwind. Das ist anstrengend. Aber in *Zafras* Gassen ist es windstill und warm. Eis schleckend schlendere ich durch die nette Fußgängerzone zur Herberge, müde und froh.

An der Plaza Grande

ZAFRA

Der Name der Stadt geht auf die Mauren zurück, die hier 1030 eine Burg namens Safra oder Cafra gebaut hatten. Tatsächlich war der Ort aber schon zur Römerzeit wichtig, dank seiner strategisch wichtigen Lage an der Silberstraße der „Hispania Romana". Der Ort ist also einer der ältesten – und einer der bezauberndsten – der Extremadura. Er wird auch *Sevilla la Chica*, kleines Sevilla, genannt. Das Städtchen hat andalusisches Flair, mit seinen weißen Häusern, den schmiedeeisernen Balkongittern, den verwinkelten Gassen, den arkadengesäumten Plätzen *Plaza Grande* und *Plaza Chica*. Cafés unter Palmen laden zum Bleiben. Ich genieße den Abend zwischen den lebhaften Unterhaltungen von Freundesgruppen und Familien, die sich hier treffen. Ihre Kinder laufen und spielen bis spät zwischen den Tischen. Das Wetter bringt andere Gewohnheiten mit sich. Ich bin erstaunlich müde nach nur sechs Stunden Gehzeit und lache etwas verzagt, wenn ich an die Etappen mit bis zu neuneinhalb Stunden denke. Wie schafft das ein 77-Jähriger, von dem ich im Gästebuch einer Herberge las? Aber ich habe nicht einmal Blasen, und vor dem Schlafengehen zeigt mir der Spiegel ein sonnengebräuntes und glückliches Gesicht.

Zafra hat neben den netten Plätzen, Gassen und der Fußgängerzone einiges an Sehenswürdigkeiten zu bieten und die Klöster, Kirchen, Häuser des Adels und des Bürgertums aus dem 19. Jahrhundert ergeben ein sehr schönes Stadtbild. Am Morgen schlendere ich durch die weißen Gassen an einigen dieser eleganten Häuser vorbei zur prächtigen Kirche *La Candelaria* (1546 errichtet). Ihr Barockaltar wurde von der berühmten Bildhau-

Eines der Gemälde, die Francisco de Zurbarán 1644 für das Retabel Los Remedios der Kirche La Candelaria (1546 erbaut) in Zafra gemalt hatte

erfamilie Churriguera geschaffen. Für mich besonders interessant sind aber die Gemälde, die Zurbarán 1644 für den Altaraufsatz, *Retabel Los Remedios*, gemalt hatte. Ich bin außer mir wegen der schlechten Lichtverhältnisse, bis mich ein Franzose erlöst: Er hat ein Schild entdeckt, wonach der Altar gegen Einwurf eines Euros beleuchtet wird. Für eine Zeitspanne ist mir nun also der Anblick vergönnt. Ich kaufe mir noch eine und noch eine.

Früher war die Altstadt umgeben von der Stadtmauer aus dem 15. Jahrhundert. Drei Tore und der *Alcázar*, die Burg, sind noch erhalten. Er wurde 1437 als Residenz der Herzöge von Feria gebaut. Heute wird er als Nobelhotel genützt. Mit seinen von neun Zinnen bewehrten Türmen ähnelt es von außen einer Trutzburg, innen einem Palast. Ich schaue mich darin um: Vom Renaissance-Patio aus weißem Marmor steige ich die breiten Treppen hoch zum Goldenen Saal mit den Mudéjar-Dekorationen und sehe herrschaftliche Salons und Gänge mit Wandvertäfelungen, eisenbeschlagene Truhen, Kassettendecken, Balustraden, Antiquitäten, bequeme Sofas, und es gibt ein elegantes Restaurant, fürstliche Säle, Swimmingpool und Garten. Besonders mag ich die Kombination des traditionellen Ambientes mit modernen Details: bunte Teppiche und schwarze Schmiedeeisenskulpturen im weißen Marmor-Patio. Wer sich einen Abstecher vom Pilgerpfad in den Luxus gönnen will, ist hier sicher gut aufgehoben. Die hiesige Pilgerherberge in einem renovierten Franziskanerkonvent ist aber auch besonders schön und gut ausgestattet!

Palmsonntagsprozession in Los Santos de Maimona vor der Iglesia Parroquial de Nuestra Señora de los Ángeles (15. Jh.)

LOS SANTOS DE MAIMONA

Diesen Nachbarort Zafras nennt man auch „weißer Edelstein". Die Kirche *Nuestra Señora de los Angeles* im Zentrum überragt seine weißen Häuser. Ihr platereskes Portal zieren u. a. Jakobsmuscheln. In einer Stunde wird hier der Palmsonntagsumzug sein. Palmwedel, Olivenzweige, Musikinstrumente werden antransportiert. Kinder, als Bürger Jerusalems verkleidet, laufen herum. Jemand schenkt mir einen Palmwedel. Schließlich zieht die Kapelle des Ortes feierlich ein, in roten, goldbestickten Uniformen und silbernen Helmen mit hohen weißen Federbüschen. Die Töne der Blasinstrumente werden dramatisch untermalt von gleichmäßigen Trommelschlägen. Vor der Kirche wimmelt es inzwischen von Menschen. Dicht an dicht warten alle zusammen auf den *Paso*, die Tragebühne, die aus der Kirche getragen wird: auf der silbernen, mit üppigen Blumen versehenen Platte ist eine Holzskulptur von Jesus zu sehen, wie er, die Menge grüßend, auf einem Esel in Jerusalem einzieht. Ein Koordinator kommuniziert via Klopfzeichen mit den 18 den Paso tragenden Männern, die hinter einem vom Altar herunterhängenden Vorhang jeweils zu dritt nebeneinander und je sechs hintereinander gehen und deswegen nichts sehen. Jeder Schritt bedarf exakter Koordination, jedes Manöver ist eine Herausforderung. Es ist heiß und eng unter dem Altar, sein Gewicht drückt schwer auf die Männer. Das Publikum honoriert ihre Leistung mit lebhaftem Applaus. Nun folgen die Menschen dem Paso in einem dichten Zug durch den Ort. In der Kirche probt ein Schülerchor. Von den hellen Stimmen der Kinder berührt, trete ich hinaus in die *Tierra de Barros*.

Ermita de la Coronada (15. Jh., im 18. Jh. neu gestaltet)

VILLAFRANCA

Villafranca ist das Herz des Lehmlandes und Zentrum des Töpferhandwerks. Leider sind heute die Geschäfte geschlossen. Auch diesen Ort haben die Ritter des Santiago-Ordens nach der *Reconquista* wieder besiedelt. Hier begegnen mir zwei spanische Phänomene besonders eindrücklich: der Stierkampf und die Siesta. Wie eine allegorische Figur aus der Commedia dell'Arte scheint mir vier Stunden lang täglich ab Mittag die Schläfrigkeit das Land zu regieren. Sie und die Hitze haben sich zusammengetan. Sie legen sich bleiern auf die Lider der Menschen, lähmen den Gang der Dinge, halten Geschäfte geschlossen und bestimmen den Tagesablauf.

Im Zentrum des dösenden, nach Orangenblüten duftenden Ortes verblüfft eine Auslage: Darin ist neben Stierkampfplakaten und Toreroanzügen mit prächtigsten Goldstickereien, pinkfarbenen Strümpfen und ballerinaartigen Schuhen ein präparierter Stier ausgestellt. Noch immer werden in Spanien alljährlich Tausende Kampfstiere getötet – eine grausame, vorzeitlich anmutende Passion. Ich werde mir die Kämpfe nicht ansehen und versuche, mir im Übrigen Goethes Satz vor Augen zu halten: „Es wandelt niemand ungestraft unter Palmen und die Gesinnungen ändern sich bestimmt in einem Lande, wo Elefanten und Tiger zu Hause sind."

Tags darauf wandere ich aus der Stadt – vorbei am gotischen Portal der Kirche *Nuestra Señora del Valle* und der *Ermita de la Coronada*, deren Turm wie die schneeweiße Marzipanfigur auf einer Hochzeitstorte ins Blau ragt.

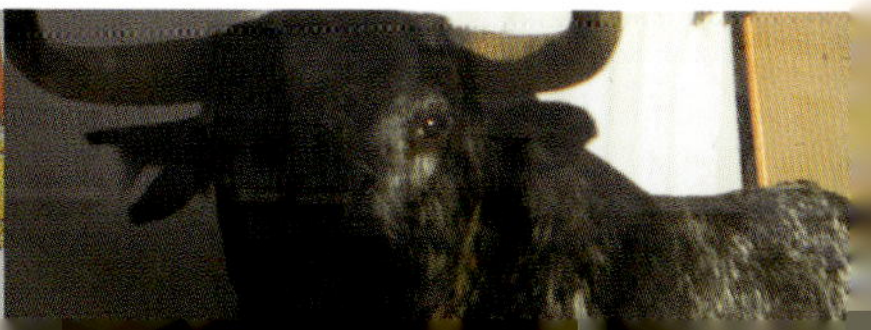

Drei von vier Wandertagen durch die flache Kulturlandschaft der Tierra de Barros

ZAFRA – VILLAFRANCA – TORREMEGÍA – MÉRIDA

8.
9.
10.
ETAPPE

Gleich nach *Los Santos de Maimona* empfängt sie mich wieder, die typische Landschaft der *Tierra de Barros*, die mich die nächsten drei Tage begleiten wird: Wein und Oliven, Oliven und Wein – das silbrige Grün der Oliven, das jetzt frische Gelbgrün der Weinstöcke. Abwechslung bringen nur die Muster der auf der kalkweißen, ockerfarbenen, ziegelroten Erde in Reih und Glied gepflanzten Olivenbäume und Weinreben, der wolkenlose Morgenhimmel, die nachmittägliche Bewölkung, die sich im Tagesverlauf verändernden Lichtstimmungen. Gerade die sind oft von besonderer Intensität: Die tief über das Land ziehenden, zum Horizont kleiner werdenden Wattebäuschchenwolken verleihen dem Bild eine besondere Tiefenwirkung, und das Himmelsblau scheint mitunter von sich aus zu strahlen – das sind berauschende Anblicke! An allen drei Tagen ist es windig und kühl.

Erster Tag: Der Weg führt durch welliges Land mit Oliven und Wein, dann durch eine Passage unbestellter, grüner Wiesen, in denen jetzt unzählige rosa Orchideen blühen. Der Erdweg ist orange, der ferne Bergzug blau. Ich raste im Schatten eines Olivenbaumes. Einige Motocross-Fahrer brausen vorbei. Jeder einzelne dreht sich um, hebt grüßend die Hand. Das Gehen gefällt mir und ich erinnere mich, wie viele Autonummern ich auswendig gelernt hatte am Anfang meiner Fußreise – wenn mir Leid geschieht, dann nicht ungestraft –, und nun stelle ich fast erstaunt fest: Meine verschiedenen Befürchtungen haben sich in nichts aufgelöst! Ich bin völlig ruhig. Die heutige so kurze Etappe verlängere ich auf fünf Stunden bis *Villafranca*, um die morgige auf sechs zu verkürzen.

Zweiter Tag: Heute ist es mühsamer zu gehen als gestern. Stechende Genickschmerzen tragen das ihre bei. Sonne und Wind zehren, trocknen den Hals aus, und mein linkes Auge tränt. Um es vor dem Zug zu schützen, trage ich mein Halstuch wie ein Araber am Kopf. Da und dort pflügt ein Bauer, stutzt die Äste der Olivenbäume oder die Zweige der Weinreben. Einer pfeift sich ein Liedchen dazu. Feldarbeiter entfernen alles Gras und Gewächse zwischen den Weinstöcken. Sie nicken schmunzelnd, als ich sage, es brauche viel Arbeit, bis der Wein gut ist. Das Land ist heute vollkommen flach, der Feldweg gerade, nur an den Rändern sind Silhouetten niedriger Bergketten zu sehen. Die Monotonie wird der prägende Faktor. Sie setzt sich in mir in Form von „Gedankenlosigkeit" fort – bei gleichzeitiger Aufmerksamkeit empfinde ich diesen meditationsähnlichen Zustand als wertvoll. Wie ich heute gehe, das kenne ich gar nicht an mir: Ich werde zu einer Gehmaschine, die Daumen in die Schlaufen des

Kultiviert werden Wein, Oliven und Mandeln. Auf brachliegenden Feldern erfreuen Blüten und Insekten das Auge.

MEIN VERSTAND STEHT STILL. Friedrich Schiller

Rucksacks gehängt, leicht vorgebeugt, flott voranschreitend. Und ich unterteile die Strecke in eineinhalbstündige Tranchen, stelle mir sogar den Wecker meines Mobiltelefons, der mich zur Pause mahnt. Mir hilft das heute. Aber abends in *Torremegía* bin ich sehr müde.

Der Ort erinnert mich an den Wilden Westen, dabei ist es gerade umgekehrt – aus Spanien nahmen die Amerikasiedler nicht nur die Namen ihrer Städte und Flüsse mit, sondern auch die Vorstellungen, wie ein Ort auszusehen habe. Im hiesigen renovierten Adelspalast, *Palacio de los Mexía* oder *Palacio de los Lastra* genannt, ist die Pilgerherberge. Sein Torbogen ist mit Jakobsmuscheln verziert. Daneben steht die Kirche *Nuestra Señora de la Concepción* aus dem 16. Jahrhundert. Leider hat die Herberge geschlossen, aber es gibt andere Unterkunftsmöglichkeiten vor Ort.

Dritter Tag: Ich trage schon in der Früh zwei Faserpelzjacken und die Haube. Wie jeden Morgen beginnt das südamerikanische Pärchen die Etappe Hand in Hand gehend. In *Torremegía* besuche ich den Friedhof: Die Särge sind neben- und übereinander in einer Art Haus untergebracht. Auf jedem ist eine Platte mit Inschriften, Vasen, Heiligenbildern, Marienstatuen, Kreuzen, Blumen, Kerzen. Wie ein architektonisches „Memento mori" steht ein zweites Gebäude für künftige Särge parat. Ich wandere weiter. Heute führt der Feldweg zwischen Oliven und Wein nahe der Straße. Unhübsches Firmengelände, Abfall am Rand und Verkehrslärm verschönern die Strecke nicht gerade. Dann führt der Weg wieder durch schöneres, welligeres Land mit kleineren Feldern. Zwischen aufgelassenen Weinrieden überziehen Teppiche von weißen, rosa- und lilafarbenen Blüten die Erde. *Mérida* ist in Sicht, mit Randbezirken, Fabriken, Hochspannungsleitungen. Unter dem Blöken und Glockengebimmel von Ziegen und Schafen und dem Sirren des Stroms in den Leitungen wandere ich auf einer Sandstraße in die Stadt.

Die mit 792 Metern längste Brücke der römischen Welt, die *Puente Romano*, führt mich dann von der „Leere" der Tierra de Barros hinein in die Fülle, ins Zentrum der Stadt, die vor 2000 Jahren fast so viele Einwohner wie heute hatte, der bedeutendsten römischen Stadt Spaniens und heutigen Hauptstadt der Extremadura: Mérida.

Die Statue der säugenden römischen Wölfin begrüßt Méridas Gäste.

MÉRIDA

Die nächsten Tage gehören *Mérida* – dem Rom Spaniens und den hiesigen Feiern zur *Semana Santa*.

Als „Augusta Emerita“ 25 v. Chr. im Auftrag von Kaiser Augustus gegründet, war Mérida Hauptstadt Lusitaniens und eine der wichtigsten und schönsten Städte des Römischen Reiches. Nach seinem Ende verfiel auch die Stadt nach und nach. Sie steht auf römischen Häusern und Straßen, aber das Interesse für die römische Vergangenheit ist noch jung. Noch vor 100 Jahren war die Stadt bitterarm und zählte weniger als 12.000 Einwohner. Als Hauptstadt der Extremadura seit 1981 und UNESCO-Weltkulturerbestätte seit 1993 kommt Mérida heute seiner glorreichen Vergangenheit sehr viel näher.

Es ist eine angenehme, entspannte Stadt mit eher ländlichem Charakter und leicht zu Fuß zu erkunden. Dabei begegne ich fast überall ihrer römischen Vergangenheit oder, mit anderen Worten gesagt, ich gehe in zwei Zeiten zugleich spazieren – der Gegenwart und der Römerzeit vor 2000 Jahren. Ich komme vorbei an den Resten des *Templo Romano de Diana*. Der ehemalige Diana-Tempel muss einer der prächtigsten Méridas gewesen sein und ist das einzige religiöse Bauwerk aus dieser Zeit, das wenigstens zum Teil erhalten ist. Im 16. Jahrhundert in die Wände des Palastes des Grafen von Cobos eingebaut, wurde er aus diesem wieder herausgelöst. Heute sind noch 23 zehn Meter hohe Säulen mit korinthischen Kapitellen erhalten.

Im weitläufigen Ruinenfeld der eleganten Villa *Casa del Anfiteatro* schaue ich mir die schönen Mosaike und Fresken an und versuche, mir vorzustellen, wie das Leben der Patrizierfamilie gewesen sein könnte. Dort finden sich auch die Reste eines römischen Bades und einer ausgeklügelten Fußbodenheizung, mit der das ganze Haus zentral beheizt werden konnte. An der Stierkampfarena vorbei schlendere ich abschließend zur *Casa del Mitreo*, dem Sitz einer bedeutenden Familie. Er besteht aus zwei säulenumstandenen Innenhöfen, von denen die mit Mosaiken und Malereien geschmückten Räume ausgehen. Das wunderbare *Mosaico Cosmológico*, das den Kosmos in allegorischen Figuren darstellt, zeigt Sonne, Mond und Sterne, die Zeit, das Chaos, den Nordpol, die Winde und den Nebel, die Jahreszeiten, das Meer, die Flaute, den Berg u. v. a. m. mit sehr menschlichen Zügen und Beziehungen zueinander.

Das Teatro Romano (2. Jh. v. Chr.) bot 6000 Zusehern Platz.

Das *römische Theater* aus dem 2. Jahrhundert v. Chr. bot einst 6000 Zusehern Platz. Es ist neben dem Theater von Orange in der Provence das besterhaltene römische Theater in ganz Europa. Seine Bühne, die mit korinthischen Säulen aus bläulichem, portugiesischen Marmor geschmückt ist, gilt zudem als eine der schönsten und grandiosesten des Römischen Reichs. Und: Sie wird heute wieder bespielt.

1910 wuchs auf der Bühne noch ein Kichererbsenfeld und der Theaterraum war mehrere Meter hoch von Erde und Müll bedeckt. Die obere Etage des Bühnenhauses war mitsamt den Säulen umgestürzt. Bis 1970 wurden aufwendige Restaurierungsarbeiten vorgenommen. Im Bühnenhaus sind neben den Skulpturen (bzw. deren Kopien) von Ceres, der Göttin der Fruchtbarkeit und des Getreides, und ihrer Tochter Proserpina auch die von drei Kaisern zu sehen. Wie üblich waren ihre Köpfe abnehmbar. Sie wurden einfach nach dem Ableben eines Kaisers ersetzt. Auf der Bühne wurden vor den Vorstellungen Kräuter verbrannt, um die Musen anzurufen. Dann wurde den ganzen Tag lang ein Stück nach dem anderen aufgeführt. Die Zuschauer verhielten sich währenddessen nicht leise, vielmehr unterhielten sie sich, aßen und tranken und betrachteten das Theater als Treffpunkt zum Austausch. Neben Ruheräumen und beheizbaren Bädern für die Schauspieler gab es Wasserleitungen, Abwasserkanäle und Latrinen. Die nahen Säulengänge waren ein beliebter Treffpunkt der Intellektuellen, die hier spazierend diskutierten und lasen – die Klosterkreuzgänge sind eine Fortsetzung dieser griechisch-römischen Tradition (Burmeister, Extremadura, 68–72).

Seit 1933 findet im römischen Theater jeden Sommer das international renommierte *Festival für klassisches Theater* statt. Ich sitze in den Reihen der nach hinten ansteigenden halbrunden Zuschauertribüne. Sie wirkt wie ein Schalltrichter und verstärkt selbst leiseste Töne der Redner auf der Bühne. Ich kann mir gut vorstellen, wie an lauen Sommerabenden die Zuseher hereinströmen, die Ränge besetzen und wie eindrucksvoll es sein muss, wenn in diesem originalen Ambiente erneut die Geschichten von Sophokles, Aischylos, Homer, Seneca oder Plautus über Götter, Helden und Krieger ausgebreitet werden.

Museo Nacional de Arte Romano: der zentrale Saal | Glasschälchen (2.–4. Jh. n. Chr.)

Das *Museo Nacional de Arte Romano*, das Römische Museum der Stadt, wurde nach den Plänen des Architekten Rafael Moneo Vallés errichtet und 1986 eingeweiht. Es ist ein großartiges Bauwerk, ganz aus flachen bräunlich-gelben Backsteinen gebaut, die an das römische Baumaterial schlechthin, den Ziegel, erinnern. Der natürliche Baustoff aus gebrannter Erde mit seiner warmen Farbe, die schnörkellose Struktur des Bauwerks, seine klaren Linien, der mehrere Stockwerke hohe zentrale Saal mit neun hohen Rundbögen und zehn seitlichen Sälen, über den die oberen Etagen arkadenförmig gebaut sind, strahlen Großzügigkeit aus und nehmen sensibel Bezug auf das Thema des Museums, das Heimstatt ist für unzählige Schätze aus römischer Zeit: Säulen, Sarkophage, Skulpturen, Inschriften, Kapitelle, Keramiken, Konsolen, Fresken, Münzen, Schmuck, Fibeln, Terrakotten, Bronzen, teppichgleiche, ganz aus der Nähe betrachtbare Mosaike mit hinreißenden Szenen aus der Jagd oder vom Nil. Am meisten von allen Exponaten rührt mich ein Glasschälchen aus dem 2. bis 4. Jahrhundert n. Chr. – gerade diese fragile, glasgewordene Seifenblase hat die Zeit überdauert. Ein Stadtbild in Miniatur zeigt, wie die Stadt zwischen 25 n. Chr. bis zum 4. Jahrhundert n. Chr. ausgesehen hat. Auch unter dem Museum hat man römische Reste gefunden – Straßenpflaster, Teile eines Kunsthandwerkviertels, Reste eines Aquädukts.

Nach diesem inspirierenden Museumsbesuch trinke ich Kaffee im Schatten eines Orangenbaumes an der *Plaza España* – eine kleine Pause, ehe ich von den Römern zu den Westgoten wandere, in das Museum *Colección de Arte Visigodo* gleich hier um die Ecke. Im hohen hellen Raum der ehemaligen Kapelle sind Schmuckstücke und Reste westgotischer Bauwerke ausgestellt mit ihrem typischen Muschel-, Blumen-, Stern- und Kreuzdekor.

Abends schlendere ich durch den 15 Meter hohen römischen *Trajanbogen*, der sich nur durch das eigene Gewicht stützt, hinaus an den Stadtrand zu einem besonderen architektonischen Höhepunkt des antiken Mérida: das Wunderaquädukt, *Acueducto de Los Milagros*, mit 830 Metern Länge, 25 Metern Höhe und bis zu drei Bogenreihen übereinander. 37 Pfeiler sind noch erhalten (siehe Foto unten und Seite 48). Via Wasserleitung und Aquädukt wurde das vom vier Kilometer entfernten, eigens dafür angelegten Stausee Prosérpina gespeiste Wasser in die Stadt geleitet.

Puente de Lusitania (von Santiago Calatrava erbaut, 1991 fertiggestellt) | Die 60-bogige, ca. 800 Meter lange Puente Romano (um 25 v. Chr. begonnen)

EIN TAG KANN EINE PERLE SEIN UND EIN JAHRHUNDERT NICHTS. Gottfried Keller

Die *Puente Romano*, die Römerbrücke, war das erste Bauwerk der Stadt, das errichtet wurde, um Handel zu treiben und sich vor möglichen Angriffen zu schützen. Als ich sie gestern zum ersten Mal sah, blieb ich wie vom Donner gerührt stehen, so eindrucksvoll ist sie – mit ihren 60 Bögen und fast 800 Metern Länge. Vor 2000 Jahren war sie die längste Brücke des ganzen römischen Imperiums. Es gab bis ins 19. Jahrhundert mehrere Umbauten, aber die Streckenführung und ein Großteil des Mauerwerks stammen noch aus der Zeit von Kaiser Augustus. Von der alten Brücke eröffnen sich schöne Blicke auf die Stadt und auf den von den Römern „Ana" genannten Fluss. *Guadiana* haben ihn erst die Mauren getauft. Dem Guadiana hat man seine Schilfinseln gelassen. Ein großer Artenreichtum der Vögel und Fische ist der Dank. Ich bleibe immer wieder auf der Brücke stehen und schaue den majestätischen Gleitflügen der Störche zu, die auf Beutefang sind. Die Brücke führt auch über eine Insel im Fluss, Erholungsgebiet für Angler, Jogger, Spaziergänger.

Unübersehbar von der alten Brücke ist natürlich die neue Brücke, die *Puente de Lusitania*, die von dem Poeten unter den Brückenbauern, dem berühmten Architekten Santiago Calatrava (1951 in Valencia geboren) zwischen 1988 und 1991 erbaut wurde. Bis dahin war der Verkehr – seit dem 1. Jahrhundert n. Chr., also fast 2000 Jahre lang – über die alte Römerbrücke in die Stadt gerollt.

Auf dieser stadteinwärts gehend, trifft man am anderen Ufer gleich rechts auf die *Alcazaba*, eine auf die Römer zurückgehende Befestigungsanlage, die von den Mauren auf ihre heutigen Maße vergrößert und von den Santiago-Rittern zum Kloster umfunktioniert wurde. Derzeit werden darin Sanierungsarbeiten durchgeführt.

Meine Schritte führen mich wieder einmal zur belebten *Plaza de España* mit ihren Palmen, dem Springbrunnen, den Lokalen, den Bänken und eleganten Gebäuden. Hier ist das Herz der Stadt, der Beginn des Geschäftsviertels und der Fußgängerzone. Ich nehme Platz in einem der belebten Lokale am Platz, sitze, schaue, „lasse die Zeit schmelzen" (Nooteboom, 12) und bin bald hingerissen vom Tanz der Schatten, die Passanten auf das von der Abendsonne rotgolden gleißende Pflaster des Platzes werfen.

Osterprozession auf der Puente Romano | Nächtliche Darstellung der Kreuzwegstationen Christi im Anfiteatro Romano (eröffnet 8 n. Chr.), das etwa 15.000 Plätze hatte

Seit Sonnenuntergang waren sie schon zu hören gewesen, die dramatischen langsamen Trommelschläge 1 – 2,3,4 – 1 – 2,3,4 – 1... und haben das Näherkommen der Prozession angezeigt. Nun sind sie da: die uniformierten Musikanten, gefolgt von den vielen Kindern in weißen Kutten und hohen, blauen Spitzkappen mit zwei Löchern für die Augen. Sie tragen Kerzen, manche auch Holzkreuze und der eine oder andere schleift Eisenketten am Fuß nach. Dann kommen sechs uniformierte Reiter und schließlich der Paso – getragen von 64 Männern in denselben weißen Kutten und blauen Kappen. Darauf stürzt Jesus unter dem Kreuz – eine Sekunde, die nun „für immer" dauert. Die Träger gehen in kleinen, gleichmäßigen Schritten. In der Hand tragen sie Eisenkrücken, auf die sie den mächtigen Paso bei Ruhepausen stützen. Es ist eine schwere und quälende Pflicht, die sie sich hier auferlegen. Jeden ihrer Schritte begleitet das leise tack-tack-tack der Metallkrücken auf dem Stein, 64-fach, bei jedem Schritt. Dieses Geräusch und das tiefe Schweigen, mit dem die sonst so lebhaften Spanier sich bekreuzigend Spalier stehen, der schwere Weihrauchduft, die schleifenden Ketten, die zahllosen Kerzen, die laue Vollmondnacht und die dumpfen Trommelschläge sind ungeheuer effektvoll. Nun folgt der Paso mit der María Dolorosa, der Schmerzensreichen Jungfrau. Ihm voraus gehen Frauen in Trauerkleidung, von Kopf bis Fuß in tiefem Schwarz, mit schwarzen Spitzenschleiern und hohen Kämmen im Haar. Sie identifizieren sich mit der um ihren Sohn trauernden Maria. Auch dieser Paso wird von 64 Männern getragen. Erneut folgen Kinder in Kutten und am Schluss uniformierte Musiker. All diese Menschen ziehen in Begleitung vieler Zuseher die halbe Nacht lang durch die Stadt. Dieses Schauspiel ist nur einer von sechzehn aufwendigen Umzügen der Karwoche, allein in Mérida! Sie erinnern an dunkle Zeiten, wirken bedrückend, schwer, streng, bigott. Mit den Feiern der *Semana Santa* wird der Tod beschworen, als suche man seine Nähe, um der Auferstehung, des Erwachens der Natur, des neuen Lebens willen. Eine andere Ursache für die eindrücklichen Prozessionen kann auch darin liegen, „dass der Glaubensgegner im eigenen Land stand, dass es (...) um Sein oder Nichtsein ging und von Anfang an die Symbole des Glaubens, und zwar auf beiden Seiten, im Zeichen des Schwertes zur Geltung gebracht wurden." (Burmeister, Andalusien, 32)

Um zwei Uhr morgens derselben Nacht sitze ich auf den Rängen des *Amphitheaters*: Die Zuschauerränge um die elliptische Arena boten etwa 15.000 Menschen Platz. Beidseits der 16 Eingänge waren Zellen für Gladiatoren und Verurteilte, die sich in der Arena zu bekämpfen hatten. Das Bauwerk konnte sogar geflutet werden,

Osterprozession mit den charakteristischen Kutten und Kappen der Nazarenos

um Seeschlachten mit richtigen Schiffen darzustellen. Auch Tierhatzen fanden statt. Ausgerechnet hier werden jedes Jahr in der Nacht des Gründonnerstags die Kreuzwegstationen Christi dargestellt. Heute ist eine kalte, sternklare Vollmondnacht. Trotz der späten Stunde sind die Zuseherränge vor allem mit jungen Menschen dicht besetzt. Den kreuzförmigen Wassergraben hat man mit Kerzen umstellt und an den Wänden der Arena Kerzentöpfe angebracht. Ein duftender Weihrauchnebel hängt über allem. Den Wänden entlang haben sich *Nazarenos*, Büßer, in tiefschwarzen Kutten und Spitzkappen mit Laternen in der Hand aufgestellt. Zehn Nazarenos tragen den schmucklosen Altar mit dem gekreuzigten Jesus. Er ist flankiert von eindrucksvoll kostümierten „Römern". Ein Geistlicher liest nun die einzelnen Kreuzwegstationen vor. Nach jeder Station wird gebetet, die Glocke geläutet und der Paso ein Stück weiter getragen, die ganze Arenarunde entlang. Die Zuseher verfolgen die Zeremonie ernst und schweigsam. Die Sektoren, an denen der Zug vorbeigekommen ist, leeren sich rasch. Auf dem Heimweg künden Trommelschläge, dass irgendwo noch eine Prozession unterwegs ist. Es ist drei Uhr morgens.

Nach dem Besuch der *Markthalle* mit ihrem lebhaften Getriebe vor den Ständen mit frischen Fischen, Schalen- und Krustentieren, den Fleischereien, Obst- und Gemüseläden wohne ich am nächsten Nachmittag noch einem Umzug bei, den ich am Stadtrand treffe. Die Nazarenos wirken mit ihren blutroten Kutten und tiefschwarzen Spitzkappen vor dem römischen *San-Lazarus-Aquädukt* besonders effektvoll. Ich begleite den Zug bis zur ursprünglich westgotischen *Basílica de Santa Eulália*, benannt nach der Schutzheiligen der Stadt, der Märtyrerin Eulália, die 303 unter Diokletian verbrannt worden war. Am Vormittag habe ich hier ein großes Zelt besucht, in dem vier Pasos aufgestellt waren. Darin wurden noch letzte Vorbereitungen für kommende Umzüge getroffen, Blumengestecke geflochten, Kerzenenden angeschmolzen und in Halterungen gesteckt, dieses kontrolliert, jenes vorbereitet. Die Leute wirkten heiter und verbunden durch die gemeinsame Arbeit.

Vor der Kirche ist die Barockkapelle *Hornito de Santa Eulália*, benannt nach dem Ofen, in dem Eulália starb. In ihr Portal wurden Reste eines römischen Mars-Tempels eingebaut. Eine Inschrift betont, dass die Kapelle aber der hl. Eulália und nicht Mars geweiht ist. Hier applaudieren die vielen Zuseher jetzt den Nazarenern mit den beiden Pasos. Dann begleitet die Menge die zwei Pasos durch die Stadt. Die Semana Santa ist noch lange nicht aus.

Acueducto de Los Milagros

MÉRIDA – ALJUCÉN

11.
ETAPPE

Beim Wunderaquädukt, *Acueducto de Los Milagros*, finden sich erste gelbe Pfeile. Nachdem der Stadtrand durchquert ist, mit Kleinindustrie, seinen Hausruinen mit Graffitis, Straßenarbeiten, Ausfallstraßen, Kreisverkehren, habe ich bald einem Landsträßlein zu folgen. Weil sie keinen Seitenstreifen hat, weiche ich vor heranbrausenden Autos mehrmals in den Straßengraben aus. Inzwischen ist es wolkenlos.

Sechs Wanderkilometer nach Mérida komme ich zum Stausee, dem *Lago Proserpina*, benannt nach einer im 19. Jahrhundert gefundenen Inschrift, der zufolge hier die Unterweltgöttin Proserpina kultisch verehrt wurde. Der Staudamm aus schwarzem Granit ist 426 Meter lang, 8 Meter hoch und 2000 Jahre alt. Er hält noch immer. Ich raste an seinem Ufer und sehe den zwei Ruderinnen zu, die nebeneinander in schlanken Booten mit exakten Ruderschlägen schnell und elegant den glatten Wasserspiegel durchschneiden, während sie in einem fort mit hellen Stimmen plaudern. Die sich verändernden Wellenlinien, die von ihren Booten aus über die Wasserfläche gehen, finde ich immer faszinierender, je länger ich hinsehe. Der See ist ein beliebter Ausflugs-, Bade- und Picknickplatz der Städter. Die nötige Infrastruktur ist vorhanden. Jetzt ist es hier völlig beschaulich. Das Kirchlein an seinem Nordende, eine weiße zum Himmel ansteigende Spirale, gefällt mir gut.

Mit dem See beginnt eine ausnehmend friedliche, sanft hügelige Landschaft mit Wiesen, aus denen da und dort glitzernde, granitene Steinrücken ragen. Steinmauern, wenige Korkeichen oder Büsche, bunte Flecken von Schopflavendel, Ginster und mannshohem rosa Gras setzen Akzente in das Bild. In den von Wasserleitungen gesäumten Wasserläufen stehen Störche, sie fliegen bei meinem Näherkommen mit ruhigem Flügelschlag weg.

Zuerst wandert man etwa drei viertel Stunden lang auf einer kleinen Landstraße, ehe links ein Feldweg abzweigt. Heute bin ich spät dran, die anderen Pilger sind mir voraus und so ist es hier menschenleer. Zwischen Korkeichen tummeln sich Schweine auf dem rosa Flor winziger Blümchen. Ein Kuckuck ruft. Es könnte nicht friedlicher sein. Die Orange schmeckt unvergleichlich gut vor der schönen Steinkirche im kleinen Ort *El Carrascalejo*. Drei sympathische spanische Radpilger sausen hinunter in die Senke zur Steinsäule mit dem roten Kreuz des Santiago-Ordens. Wenig später bin ich in *Aljucén*.

Gert Ackemann

ALJUCÉN – ALCUÉSCAR

12.
ETAPPE

Das nette kleine Hotel mit hellblauen Fenster- und Türumrandungen in *Aljucén* ist eine ansprechende Alternative zur Pilgerherberge. Die asymmetrische Dorfkirche *Nuestra Señora de la Consolación* hat ein schönes Renaissanceportal. Im Ort lerne ich Gert Ackemann kennen. Er wartet auf den Bus nach Mérida, von wo er nach Madrid reist, um morgen nach Hause zu fliegen. Gert ist ein Abenteuerreisender mit mehrfacher Pilgererfahrung. Nach dem französischen und portugiesischen Jakobsweg findet er die *Vía de la Plata* sehr schön und möchte jedenfalls zurückkehren, um den Weg fortzusetzen.

Wenig später biege ich vor der Tankstelle rechts ein in den *Naturpark Cornalvo*, dessen (wieder) naturbelassenes Gelände bekannt ist für seinen Reichtum an Flora und Fauna, insbesondere für seine Vogelwelt. Der im Park liegende *Stausee Cornalvo* war der wichtigste Wasserlieferant Méridas. Dort war der Ausgangspunkt für den San-Lazaro-Aquädukt, der das Wasser 15 Kilometer weit in die Stadt transportierte. Auch heute werden drei Dörfer in der Umgebung mit dem Wasser des Sees versorgt. Zunächst wandert man dem mit Eschen, Ulmen und Weiden gesäumten Ufer des *Río Aljucén* entlang, wendet sich dann von ihm weg, steigt leicht bergan, mal entlang von Mauern, mal ohne, bis man eine afrikanisch anmutende, savannenähnliche Landschaft und damit die Provinz *Cáceres* betritt.

Dort notiere ich im Tagebuch: Ich bin so froh, die fast neunstündige Etappe zweigeteilt zu haben, weil mir das Zeit gibt, diese wunderbare Landschaft zu genießen! Ich sitze hier in einem lila Lavendelmeer. Vor mir der rote Erdweg. Es ist warm, wolkenlos, einsam und zu hören sind nur Grillen, Vögel, Fliegen, Bienen, ein gelegentlicher Windhauch in den Eichen und mitunter das Grunzen der schwarzen Schweine, die zwischen dem Lavendel herumlaufen und mich neugierig betrachtend stehen bleiben. Die sanften Hügel sind bedeckt von weißen Zistrosen und es blühen Margeriten, Ginster, rosa Röslein, Aphrodilen. Ich weiß nicht, wie ich es ohne Kitsch sagen könnte, dass ich vollkommen ergriffen bin von einem großen Frieden und dem Gefühl, dass es eine Gnade ist, diesen Weg zu gehen. Vorhin bin ich in eine Art „Gebet" geraten. Es hat mir gut getan.

Ab dem Kreuz *Cruz de San Juan* geht es auf und ab nach *Alcuéscar* (siehe Foto unten), das 830 von den Arabern gegründet und 400 Jahre später dem Santiago-Orden unterstellt worden war. Im Ort nimmt ein Kloster Pilger auf.

Basílica de Santa Lucía (westgotisch, 8. Jh.) | Puente de Santiago (römisch, im Mittelalter umgebaut) über den Fluss Arroyo de la Zafrilla

ALCUÉSCAR – VALDESALOR – CÁCERES

13.
14.
ETAPPE

Das einzige noch fast vollständig erhaltene westgotische Bauwerk im Süden Spaniens, die aus dem 8. Jahrhundert stammende *Basílica de Santa Lucía* südlich von *Alcuéscar* (siehe Fotos vom Ort unten) ist ein beeindruckender Steinbau. Gleich nach dem zeitigen Besuch der Kirche wandere ich los. Wenig später finden sich die in die Rucksackschlaufen gehängten Hände, werden gefaltet, von dieser Geste bis zu etwas wie einem Gebet ist es nicht weit. Ich begegne dem wohl größten Hund meines Lebens. Zur Vorsicht mit dem Stock in der Hand, gehe ich ruhig weiter, und er lässt es wirklich beim Bellen bewenden!

Kurz vor *Casas de Don Antonio* wohnt eine Zigeunerfamilie unter einer ausladenden Eiche. Von den Ästen hängt der Hausrat und ein Baby schaukelt im Netz. Die Frau im Bademantel ist beim Wäschewaschen und Kochen. Wir winken einander zu. Ich raste bei der mittelalterlichen Brücke am Rand des Ortes. Auf einem Mast hockt ein Storch so unbeweglich in seinem großen Nest, dass ich mutmaße, der Fremdenverkehrsverein habe eine Skulptur hineingesetzt. Inzwischen haben sich die wie aquarellierten Wolken zu einem dunklen Blaugrau verfärbt. Am Ortsende bewohnen Vögel jede Nische der *Ermita de la Virgen del Pilar* – das Gotteshaus ist auch ein Vogelhaus. Kühe mit enormen Hörnern und römische Meilensteine, *Miliarios*, flankieren den nun folgenden Weg. Die übermannshohen Granitsäulen markierten an der Römerstraße jede (römische) Meile, die etwa 1480 Meter maß. Der stechende Genickschmerz meldet sich wieder. Beim ursprünglich römischen Brücklein, *Puente de Santiago*, über den *Arroyo de la Zafrilla* weidet malerisch eine Herde Schafe. Aber die heutige Strecke hat auch unhübsche, straßennahe Passagen.

Wenig später ist der Himmel dunkelgrau und es schüttet. Aber es macht nichts. Die wie ein Geweih im Rucksack steckenden Stöcke verhindern, den Regenponcho überzuziehen. Ich muss über mich selbst lachen, als ich herumtanze, um an dem vom Wind aufgeblähten blauen Poncho mal hier, mal dort zu ziehen, und sich meine enge Welt kurz so darstellt: bewegt, eng und enzianblau. Nun untermalt das Geräusch der Regentropfen auf der Perlonkapuze meine Schritte, ein Geräusch aus meiner Kindheit, von ersten Nächten im Zelt. Seither ist es der akustische Repräsentant für „Geborgenheit". Mir gefällt der Regen, schade ist nur, dass ich nichts fotografieren kann. Nach der Autobahnbrücke führt mich der Weg lange an einem Gebiet vorbei, das mir vorkommt wie das

Ermita de la Virgen del Pilar (15. Jh.) am Ortsende von Casas de Don Antonio | Die südliche Peripherie von Cáceres

wahrgewordene Ideal einer Eichen-Dehesa – die riesige *Dehesa de Garabato*. Das dazugehörige Landschloss liegt jenseits der N 630.

Nach einer steppenartigeren Ebene komme ich zum kleinen Sportflugplatz *Aeroclub Cáceres*, den ich rührend finde, weil seine Hangars aus verschiedensten Wellblechen so selbst gebastelt wirken und von der Leidenschaft ihrer Betreiber zeugen. Die Pilgerroute führt quer über die unkrautbewachsene Start- und Landebahn. Ein Schild besagt, Pilger würden von der Piste nicht tangiert. Heißt das, dass wir immun sind gegen Flugzeugkarambolagen? Hier überholen mich zwei Radpilger in grellen Warnjacken über dem Regenoutfit und Regenhüllen über den prallen Packtaschen. Richtig lustig haben es die nicht, denke ich und fühle mich mit dem Gehen wohler. Nur der Genickschmerz nervt auf die Dauer. Dann umringen mich vier Hirtenhunde mit lautem Gebell. Ich drehe mich im Kreis, mit einem Stock mein Revier abgrenzend. Der Poncho begrenzt mein Sichtfeld und meine Bewegungsfreiheit. Mit den Hunden sprechend, gehe ich langsam weiter. Der Schafhirte schaut zu.

Nach 18 Uhr komme ich bei der alten *Römerbrücke* vor *Valdesalor* an. Heute erscheint mir der Weg wieder viel weiter, als ich gedacht hatte, und obgleich die Optik der Karte und die im Wanderführer vorgeschlagenen Etappen dies vermuten ließen, ist mit Cáceres noch keinesfalls ein Drittel des Weges erreicht. Ich habe den größten Respekt vor der körperlichen und seelischen Strapazierfähigkeit der Pilger. In Valdesalor werden im Rathaus Schlafplätze auf Sportmatratzen angeboten.

Ich hatte mir die nun folgende Strecke bis *Cáceres* sehr prosaisch vorgestellt und bin dann positiv überrascht: In der Prosa ist viel Lyrisches erkennbar. Doch wäre ich die heutigen zweieinhalb Stunden gestern im Regen mit den Genickschmerzen auch noch gegangen, es wäre sehr hart geworden. Zu Tagesbeginn sind sogar landschaftlich nette Abschnitte dabei, und das Wetter ist wenigstens am Morgen besser. Dann kommen Farmen, Weideflächen mit arg geflickten Zäunen und Hütten, die ersten Siedlungen und das übliche Vorstadt-Szenario aus Abbruchhäusern mit Graffitis, Autoreparaturwerkstätten etc. Dann sind schon die tristen Wohnsilos an der Peripherie von Cáceres in Sicht. Ich beziehe in der *Albergue Las Valetas* im Stadtzentrum Quartier.

Handbemalter Fächer von Mercedes Calles Martín-Pedrilla, einer Mäzenin von Cáceres, die der Stadt ihren Becerra-Palast vermacht hat

CÁCERES

Sobald eines der fünf Tore der die Altstadt von *Cáceres* umrundenden maurischen Stadtmauer durchschritten ist, beginnt eine Zeitreise ins Mittelalter und in die Renaissance. Hier reihen sich prächtige Paläste mit den Wappen zum Teil damals frischgebackener Adeliger aneinander, steinerne Denkmäler der Macht und des Erfolges ihrer Besitzer, mit Zinnen, Türen, Toren, Emblemen, Wappen, Gesimsen, Gittern und abweisenden, nahezu fensterlosen Wandfluchten. Das Zentrum von Cáceres glänzt vom Gold, das viele Konquistadoren aus der Neuen Welt zurückgebracht haben. Wobei es kein Zufall ist, dass die meisten dieser Eroberer aus verarmten Adelsfamilien der *Extremadura* stammten. Es waren abgehärtete, ehrgeizige, besitzlose Männer, davon besessen, endlich in der Neuen Welt ihr Glück zu machen. Die berühmtesten unter ihnen sind Hernán Cortés, ein erfolgloser Advokat aus Medellín, der 1521 das Aztekenreich in Mexiko eroberte, und der unehelich geborene Schweinehirt Francisco Pizarro aus dem nahen *Trujillo*, der 1533 das gewaltige Imperium der Inkas in Peru zerschlug. Sie richteten ungeheure Blutbäder an und pressten gigantische Goldmengen aus den eroberten Ländern. Schiffweise wurde das indianische Gold abtransportiert – um sich in den Kassen der ständig kriegsführenden spanischen Könige quasi in nichts aufzulösen. Zwar stehen in der Extremadura jetzt einige prächtige Paläste mehr, aber die Region blieb dennoch arm.

Iglesia Santiago de los Caballeros (12. bzw. 16. Jh.)

Die Römer hatten hier die Fruchtbarkeitsgöttin Ceres verehrt. Auf sie geht der Name *Cáceres* zurück. Im 6. Jahrhundert war der Ort zerstört und bedeutungslos, aber Anfang des 12. Jahrhunderts versuchten die Almoraviden aus Marokko hier, der Reconquista mit neu erbauten Befestigungsanlagen die Stirn zu bieten. Daraufhin folgten drei Versuche der Christen, die Stadt zu erobern. Im Zuge des zweiten Versuches, 1170, „(...) tat sich eine Gruppe von Rittern besonders hervor, die sich fortan ‚Brüder von Cáceres' nannte und sich sowohl als Mönche wie als Krieger verstand. Die ‚Brüder' machten Santiago zu ihrem Schutzheiligen, nahmen das Schwert als Emblem und begründeten in Cáceres den Santiago-Ritterorden" (Burmeister, Extremadura, 93). Als 1173 die Mauren neuerlich die Stadt stürmten, war der maurische Turm *Torre de Bujaco* die letzte Bastion der 40 Santiago-Ritter, die hier der Legende nach geköpft wurden. Danach war Cáceres erneut einige Jahrzehnte unter maurischer Herrschaft.

Die Kirche *Santiago de los Caballeros* wurde im 16. Jahrhundert anstelle einer älteren aus dem 12. Jahrhundert erbaut. Eingemauerte Bögen der ursprünglichen Kirche sind noch erkennbar. Eine Tafel des Flügelaltars zeigt Jakob als Maurentöter. Dagegen rührt mich die Darstellung Jakobs als Pilger über der *Puerta de los Peregrinos*, der Pilgerpforte. Diese grünspanige Kirche mag ich sehr.

Die Bronzen „Las Meninas" des Bildhauers Manolo Valdés (2005) | Füße der Statue des hl. Pedro de Alcántara

Wer einen Stierkampf besucht, kann sich entscheiden, ob er im Schatten oder in der Sonne sitzen will. Die Tore zu den Sektoren sind entsprechend benannt: *Sol*, Sonne, *Sombre*, Schatten. Wie viel lieber hätte ich, das Wetter würde sich heute für *Sol* entscheiden ... Aber nein, es regnet etwa 30 Mal und einmal gibt es Hagel. Dazwischen aber lässt die Sonne das nasse Steinpflaster wie silbrige Fischschuppen glänzen.

Die Treppen von der Plaza Mayor heraufgestiegen, betrete ich durch das Stadttor *Arco de la Estrella* wieder das *Barrio Monumental*, seit 1986 UNESCO-Weltkulturerbe. Mit vielfachem Auf- und Abspannen des Schirmes spaziere ich darin herum. Die *Paläste* der Altstadt sind heutzutage Verwaltungssitze, Hotels oder können besichtigt werden. Die Häuser sind nicht belebt, die Gassen mit den abweisenden Wandfluchten nur tagsüber von Touristen bevölkert, sonst liegen sie menschenleer da. Sogar Lokale und Souvenirläden gibt es kaum. Nun schreite ich sie also nacheinander ab, diese düsteren, steinernen Mausoleen vergangener Macht, die *Casa Ovando* und die *Palacios* der Familien de los Toledo-Moctezuma, de los Carvajal, de los Mayoralgo, de los Pereros, de los Torreorgaz, de los Saavedra, de los Golfines de Abajo und de los Golfines de Arriba, wo die Katholischen Könige Isabella I. von Kastilien und Ferdinand II. von Aragon 1477 und 1479 residierten und wo Franco zum Staatschef ausgerufen wurde.

Ich besuche die Plätze und die Kirchen: zuerst die *Kathedrale Santa María*, deren aus Zedernholz geschnitzter Hauptaltar ein Meisterwerk der Renaissance ist. Auch dieser Altar zeigt *Santiago*, den hl. Jakob, als Maurentöter. An der Außenwand der Kathedrale steht die Statue des hl. *Pedro von Alcántara*, des „Apostels der Extremadura", dessen Füße von küssenden Lippen blank poliert sind. San Pedro war einer der großen Mystiker Spaniens im 16. Jahrhundert. Mein Weiterweg führt mich zur weißen Jesuitenkirche *San Francisco Javier* und der spätbarocken, ungewöhnlich schlichten *Residenz der Jesuiten*, die heute als Studentinnenwohnheim genutzt wird. Sie stehen an der *Plazuela de San Jorge*, benannt nach dem streitbaren Drachentöter, dem heiligen Georg. Er ist der Schutzpatron der Stadt und sein Namenstag Feiertag, seit am Vorabend zum 23. April 1229, dem Todes- und Gedenktag des Heiligen, den Christen unter König Alfons IX. von León der dritte und endgültige Eroberungsversuch der Stadt gelang.

Die Jesuitenkirche San Francisco Javier an der Plazuela de San Jorge (18. Jh.) | Stierkampfarena

Von hier wandere ich zum *Arco del Cristo*, dem ältesten Tor der Stadt, das die Römer im 1. Jahrhundert errichtet hatten. Durch dieses Tor betreten Pilger die Stadt schon seit so vielen Jahrhunderten.

Der Vorhof eines Klosters bietet mir Schutz vor dem neuerlichen Regen. Ein Radpilger kommt mit seinem *Credencial,* dem Pilgerausweis, herein und schaut sich suchend um. Weil ich eine ähnliche Kommunikation bereits vorher beobachten konnte, rate ich ihm, an der Glocke zu läuten, die Stimme einer für uns unsichtbar bleibenden Nonne würde hinter einer Drehtür antworten, er könne dann seinen Ausweis in diese Drehtüre hineinlegen, sie würde ihn im Inneren stempeln und wieder zurückgeben. Aber die Nonne erklärt sich für solche Anliegen nicht zuständig und verweist ihn anderswohin.

Über die Paläste und Plätze zurückmäandrierend, verlasse ich die Stadt schließlich beim *Erzbischöflichen Palais* – das eigentlich in Coria stehen müsste, wo der Bischofssitz tatsächlich ist, aber da in Cáceres der Sitz der weltlichen Macht ist, wollte die geistliche nicht abseitsstehen und schlug hier ebenfalls ihre Residenz auf.

Außerhalb der Stadtmauern waren schon immer die „kleinen Leute" zu Hause. Diese Straßenzüge sind schmal und belebt, und ihre Häuser weiß. Hier befindet sich aber auch einer der prachtvollsten Paläste der Stadt, der *Palacio de Godoy*. Er wurde von Francisco de Godoy erbaut, einem jener reich gewordenen Amerika-Eroberer, die sich zu Hause einen wappengeschmückten Adelspalast bauen ließen und das Leben eines Edelmannes führten.

Lässt man sich durch diese Gassen immer weiter treiben, wird sich bald ein völlig anderes Bild von Cáceres hinzugesellen: Mit ihren 75.000 Einwohnern, den vielen Studenten, den unzähligen Lokalen, Geschäften, der modernen Promenade und großzügigen Geschäftsstraße ist es eine moderne, urbane Stadt und die wohl lebhafteste der Extremadura.

Museo de Cáceres – Stele mit menschlicher Figur (Bronzezeitalter) | Keiler (4.–2. Jh. v. Chr.)

Meine heutige Zeitreise im *Museo de Cáceres* (siehe auch Fotos unten) ist sehr vergnüglich und weitreichend. Ich gehe durch die Jahrtausende, von Zeugnissen der Prähistorie über römische Funde zur arabischen Zisterne aus dem 11. Jahrhundert, über Volkskunst bis zu Picasso und Miró. Und doch scheint es mir gar nicht so weit zu sein, von den prähistorischen Felsritzungen aus dem vierten Jahrtausend vor Christus bis zu Joán Miró 6000 Jahre später.

Als ich im Entree eines Palastes zusammen mit anderen Touristen wieder einmal das Ende eines Regengusses abwarte, spricht mich ein sehr nettes Paar an: der Franzose Laurent und die Spanierin Marisol. Sie haben sich auf dem *Camino Francés* kennengelernt. Laurent sagt, der Weg habe ihn und sein Leben völlig verändert, er sei seine größte Erfahrung überhaupt gewesen. Ich würde weinen in Santiago, prophezeit er mir, bittet mich, an sie zu denken, und wünscht mir herzlich „buen camino!"

Endlich hat die *Casa Museo Arabe Yusuf al Burch* doch geöffnet – ein kleines Privatmuseum, in dem anhand von allerlei Details versucht wird, die Atmosphäre dieses einstigen maurischen Hauses zu vermitteln. Auf die maurische Vergangenheit der Stadt setzt auch ein kleines *Teehaus* am Hauptplatz. In seinem Gewölbe, zwischen Wänden in der Farbe von Lavendel und Enzian, über die Laternen mit buntem Glas ihr Licht verstreuen, umgeben von Teppichen, bunten Fliesen, Lederhockern, Kandelabern und Kerzen kann man bei Wasserpfeife und Tee einen Ausflug in 1001 Nacht machen.

Jetzt ist es aber eher Zeit für das Abendessen. Ich beschränke mich heute auf Pizza und Bier, die ich auf den Stufen zum Rathaus einnehme. Von da habe ich einen schönen Blick auf die *Plaza Mayor*. Der an drei Seiten von Arkaden gesäumte Platz wurde genutzt für Märkte, Feste, Stierkämpfe, Prozessionen und Passionsspiele. Die im 18. Jahrhundert hinzugefügten Balkone konnte man bei solchen Gelegenheiten mieten. Der Platz mit seinen Bars und Lokalen ist zugleich Treffpunkt und Ausgangspunkt zum Geschäftsviertel und zur Altstadt. Heute liegt er eher trist vor mir: Der Platz ist nass und daher leer. Im nassen Asphalt spiegelt sich das himmelblaue Licht im Eisshop, von dem laute, hektische Musik herausströmt.

Casa Museo Arabe Yusuf al Burch | Interieur eines arabischen Teehauses an der Plaza Mayor

Ich drehe eine letzte Runde durch die *Altstadt*. Es ist dunkel, ich bin völlig allein, Regennässe verdampft über dem Steinpflaster – hier hätte wirklich „Der Name der Rose" gedreht werden können. Man stelle sich die menschenleeren Gassen und Plätze belebt vor, blende das elektrische Licht aus, denke Gerüche und Klänge hinzu und schon ist man im Mittelalter angelangt. Wer sich vor das Jahr 1479 beamt, der muss sich zusätzlich über 30 zinnenbewehrte Geschlechtertürme vorstellen, die der Sicherheit und Verteidigung der Hausbewohner dienten. Mit ihnen wirkten die Gebäude wie wehrhafte kleine Festungen, und die Familien bekämpften einander tatsächlich. 1479 verordnete Isabella die Katholische schließlich, dass die Türme geschliffen werden mussten. Danach wurden die Häuser sukzessive den friedlicheren Umgangsformen gemäß gestaltet. Fenster und Balkone wurden angebracht, die Fassaden und Eingänge mit Zierrat versehen, aus den Schießscharten wurde Dekor.

Auch in der heutigen Nacht bin ich allein im Sechsbettzimmer der Herberge. Sie ist sauber und völlig in Ordnung, aber mit 18 Euro recht teuer. Später erfahre ich, dass Pilgerkollegen an der Plaza Mayor gut und günstiger unterkamen.

Der nächste Tag beginnt mit einem wunderbaren Frühstück in der *Churreria Ruiz* (siehe Fotos unten). Das Lokal ist voll – wobei der Wirt, seine Angestellten und die Kunden, Männer und Frauen, wie eine große, lose Familie wirken: Man grüßt sich, ruft sich einen Satz, einen Scherz zu, plaudert. Es wird geraucht, gegessen, getrunken – Kaffee, dicke, cremige Schokolade oder auch schon mal ein kleiner „Klarer". Der Fußboden ist bedeckt von zerknüllten Papieren. In die war das in heißem Fett herausgebackene Gebäck, die *Churros*, eingewickelt. Jedes Papier ein Frühstück. Die in die Schokolade getunkten Churros schmecken köstlich. Vor dem Lokal ist der Zeitungskiosk. An dem wird noch ein Schwätzchen gehalten, bevor die Männer schließlich ihrer Wege gehen. Der meine führt an der *Stierkampfarena* vorbei zur Stadt hinaus.

Pilgerhund Rin Tin Tin

CÁCERES – CASAR DE CÁCERES

15.
ETAPPE

Mit einer Salami und einem Baguette, die wie zwei Finger aus dem Rucksack herausschauen, gehe ich los und sehe gleich den Pilger Rin Tin Tin wieder: einen Foxterrier mit kleinen Packtaschen an den Seiten. Er ist unglaublich süß und brav! Bei Rastpausen bewacht er den Rucksack vor dem Lokal. Die Leine, mit der ihn sein Herr angebunden hat, hängt immer durch.

Nach dem nahen Stadtende hat man über eine halbe Stunde lang der Landstraße zu folgen. Sie ist schmal und der Verkehr rege. Ich finde es stressig und denke an Rin Tin Tin – als Pilger lebt es sich mitunter gefährlich. Endlich biegt links ein Feldweg ab. Meniskus, linker Wadenmuskel und Genick schmerzen und so empfinde ich die regnerische, zweieinhalbstündige Wanderung nach *Casar de Cáceres* bloß als zu bewältigende Strecke.

Der Ort begrüßt den Wanderer mit einem lang gestreckten Platz mit Bänken unter Palmen und blühendem Blauregen. In den Auslagen ist der berühmte Schafkäse, die *Torta del Casar*, ausgestellt, ein camembertähnlicher Käse, dessen Schale ein weiches, würziges Inneres hat. In der schmalen Gasse mit den niedrigen weißen Häusern mit Balkonen zeigen sich die Passanten ausnehmend fürsorglich: Jeder einzelne weist mir ungefragt den Weiterweg und die Herberge.

Bilder wie diese werden ein gewohnter Anblick für den Pilger.

CASAR DE CÁCERES – ALBERGUE ALCÁNTARA

16.
ETAPPE, 1. TEIL

Wie sich der Akt eines Theaterstücks in „Aufzüge" teilt, so teilt sich der nächste Tag in mehrere „Pelerinen". Morgens liegt eine dicke Wolkendecke über dem Land, unter der die Sonne nur kurz orangefarben hervorlugt. Auf dem Kirchturm von Casar de Cáceres zähle ich 22 Störche. Am Ortsrand fallen die langen, fensterlosen Hausfronten auf. Mir scheinen diese leeren Flächen eine architektonische Antwort auf die „leeren" Landschaften zu sein. Eine abenteuerlich zusammengeflickte Barackensiedlung wird von laut bellenden Riesenhunden bewacht. Wenig später zeigt sich links des Feldweges ein optischer Kontrapunkt zu diesem bunten Flickwerk der Zigeunersiedlung: glatte, blaue Spiegelflächen großer Sonnenkollektoren, die auf den semmelblonden Grasrücken aufgestellt wurden.

Hier überholen mich etliche Pilger. Meine Geschwindigkeit – inzwischen habe ich „mein" Tempo gefunden – ist auch abgesehen von den unzähligen Fotostopps die langsamste. Ich treffe einen Deutschen: Martin Minner, um die 65 Jahre alt. Er hat viele Blasen. Mit der größten Selbstverständlichkeit untersuchen wir gemeinsam seine Fußsohlen. Sich in seiner Körperlichkeit bewusster zu erfahren, ist eines der wesentlichen Erfahrungen beim Pilgern. Damit rückt auch die anderer näher. Während er seinen Fuß verarztet, plaudern wir. Ob ich Emil, den Schweizer, schon kennengelernt hätte? Der ist 80 und geht den Weg, manchmal erlaubt er sich einen Bus oder Autostopp – dennoch: Seine Leistung ist enorm.

Pilger auf der Vía de la Plata kurz nach Casar de Cáceres

16.
ETAPPE, 2. TEIL

Bald ist Martin wieder gehbereit. Er hängt sich in die Schlaufen der Wanderstöcke, neigt den Oberkörper weit nach vorn, dem Weg entgegen, und ich habe den Eindruck, dass er sich ganz konzentriert auf die Herausforderung, den Weg zu bewältigen. Erst geht er kurz schmerzverzerrt und seufzt, am Anfang sei es schwer, in Tritt zu kommen. Wenig später meint er aber schon, er würde nun gern seine schnellere Gangart einlegen. Ich bestärke ihn sofort darin. Jeder muss sein eigenes Tempo gehen, alles andere rächt sich über kurz oder lang. Ich habe auch den Eindruck, dass er allein gehen möchte, und verstehe das. Mit einem herzlichen „buen camino!" trennen wir uns ganz unkompliziert.

Mit Blick auf den *Embalse de Alcántara*, den Stausee Alcántara, und die Sierra Pequeña sitze ich auf einem bemoosten Steinbuckel. Der Himmel ist voller Regenwolken. Das Bild wird von Blautönen bestimmt, gekrönt vom unglaublichen Enzianblau der Sierra am Horizont. Für mich hat der heutige Wandertag keine Sternstunde, er ist gleich ein ganzer „Sternentag". Ich mag das so: die bare, wellige Hochebene mit den Steinrücken und -buckeln, die wie bizarre Skulpturen, erinnernd an Walflossen oder Pilze, unvermutet aus dem Boden ragen. Oft sind die Steine auch hellrosa, mit grauweißen Flechten und grünen Moosen bewachsen. Manchmal durchbrechen sie gerade nur die Grasnarbe und zeigen sich in der Landschaft als rosa, grüne, graue oder rostrote Flecken. Ich glaube, ich schmunzle dauernd, auch während der „Pelerinen". Ich fühle mich gut aufgehoben in meinem blauen, wabernden Zelt. Wenn es regnet, begrenzt sich die Aussicht und ist von der Kapuze des Regenponchos blau eingerahmt. Der Blick wendet sich dann von selbst nach innen. Später komme ich an römischen Meilensteinen vorbei und an zwei Widdern, die miteinander kämpfen: Sie nehmen Anlauf und rennen ihren Schädel in den des Gegners. Es kracht laut und knöchern, wenn ihre Schädel zusammenprallen. Inzwischen haben sich die Farben völlig verändert: Himmel und See sind hellgrau, die Berge anthrazit. Jemand hat eine Konservendose liegen gelassen. Das ist aber eine sehr seltene Ausnahme. Ich nehme sie mit und gehe weiter.

Der Weg fällt stetig ab zum See. Aus dem Feldweg wird ein sich schlängelnder Pfad, der oberhalb der N 630 zwischen duftendem Ginster, Zistrosen und Schopflavendel verläuft. Dann stehen fünf Kilometer am Seitenstreifen der

Römische Meilensteine, Miliarios. Die Granitsäulen markierten jede römische Meile (ca. 1480 m) der Calzada Romana.

ALLE WASSER LAUFEN INS MEER. Salomo 1,7 AT

N 630 an. Ich gehe auch da gern. Es ist heute wenig Verkehr und genug Platz. Manchmal ist der Straßenrand von schönen Felsen gesäumt. Ich mag die Ausblicke auf den Stausee Alcántara, mit den vielen Seitenarmen, Verzweigungen, der ausgefransten Uferlinie und kahlen Inselchen dazwischen. Dieser 1970 erbaute Stausee ist einer der größten Europas! Für die Extremadura ist er ein äußerst wichtiges Wasserreservoir. Wenn der Wasserstand zu niedrig ist, leidet die Landwirtschaft der Region. *Alcántara* bedeutet auf Arabisch „die Brücke" – der Name des Sees bezieht sich auf die *Puente de Alcántara*. Sie wurde 103 n. Chr. von den Römern – ohne Mörtel – erbaut, ist 194 Meter lang, acht Meter breit und 60 Meter hoch. Mit ihren sechs Bögen von altersloser Eleganz führt sie seit über 1900 Jahren Verkehr über den *Tajo*. Leider kann ich dieses Meisterwerk römischer Baukunst nicht sehen, denn die Brücke befindet sich etwa 75 Kilometer weiter westlich nahe der portugiesischen Grenze.

Seit meinem Start in Sevilla hinterlasse ich Pilgerkollegen und -kolleginnen für jede Etappe einen Satz eines Dichters, Denkers, Mystikers als allfälligen Wegbegleiter. Die Sätze sind auf handgeschöpftem Papier mit Blüten oder Blättern darin geschrieben, vor Nässe geschützt in Plastik verpackt, und flattern nun auf Masten, Zäunen, Bäumen längs des Weges. Auf der hiesigen Brücke über den *Río Tajo* deponiere ich die heutige „Pilgerpost", einen Satz Salomos aus dem Alten Testament: „Alle Wasser laufen ins Meer." Der Tajo, neben den Flüssen Almonte und Alagón größter Zufluss des Stausees, ist mit 1007 Kilometern der längste Fluss Spaniens, er wird in Portugal zum Tejo und mündet bei Lisboa in den Atlantik.

Am Abend streicht der Wind über das nun lavendelgraue, aus vielen Flüssen gespeiste Wasser des Sees. Es wirkt wie hauchzarte Seide und die Wolken darüber, als hätte ein Aquarellist Pinselstriche wie Schwerthiebe auf nasses Papier gesetzt. Zwischen den Quarzkieseln am Ufer zittern die Margeriten im Wind. Es herrscht reger Flugverkehr: Ein Storch nach dem andern landet, fischt, fliegt ab. Das Licht wechselt ständig und damit die Farben des Wassers und des Himmels. Was ist das für ein schöner Tag! Und ich bin so froh, nicht von Cáceres bis Alcántara in einem gegangen zu sein, es wäre mir zu anstrengend geworden und hätte mir weniger Raum gelassen, die landschaftlichen Schönheiten zu genießen. Ich freue mich auf das Weitergehen.

Bizarre Felsen im Herz der Hochebene zwischen Albergue Alcántara und Cañaveral | Gecko auf einem Gartentor nach Cañaveral

ALBERGUE ALCÁNTARA – GRIMALDO

17. ETAPPE

Mit dem ersten Sonnenstrahl stehe ich auf. Es ist kühl, windig und wolkenlos. Der See liegt stahlblau unter dem hellblauen Himmel. Die vielen Inseln sind jetzt cognacfarben. Spätestens hier ist es für länger aus mit den endlosen Ebenen! Dafür bietet der nun folgende Aufstieg herrliche Ausblicke auf den See. Oben auf der welligen Hochfläche grasen schwarze Kühe. Im Zentrum dieser Hochebene finden sich schwarze spitze Felsnadeln, die an die Zahnreihen eines Krokodils erinnern oder an einen gigantischen Drachenrücken. Bis zu zwei Meter hoch ragen diese Felsnadeln senkrecht oder schräg aus der Grasnarbe. Völlig fasziniert von der Landschaft, klettere ich hierhin und dorthin, bis ich realisiere, dass die eine schwarze Kuh, die mich aus der Nähe anstarrt, keine ist ... Ich habe gerade noch den Nerv, „ihn" zu fotografieren, dann spiele ich „blinde Kuh" und versuche, stets Deckung und Sichtschutz suchend, so „ruhig" wie möglich die Strecke zum Zaun zu bewältigen. Was Stiere nämlich aggressiv macht, ist nicht die Farbe Rot – die ich heute von Kopf bis Fuß trage –, sondern „nervöse", schnelle Bewegungen ...

Der Weiterweg durch die Hochebene führt durch Ginster und Zistrosen. Wieder einmal verläuft die Begegnung mit einem bellenden Riesenhund völlig harmlos. Nach der Müllhalde überquert man den Bahnübergang und geht der Kleinindustrie des Ortes entlang an *Cañaveral* vorbei. Ein Feldweg führt Richtung *Puerta Castaña*, dem Kastanienpass. Es ist heiß, windstill und der Hang steil. Ich trete meinem Schatten auf den Bauch. Das Summen unzähliger Bienen im Kiefernwald verdichtet sich zu einer tief brummenden Klangwolke – einem endlosen OOO-OOHM. Die Bäume riechen trocken und betäubend süß. Der Wald ist eine Kathedrale mit endlos vielen Säulen. Ein kleiner Windhauch fährt durch die Kiefern – es klingt so „anders" als in den südlichen Bäumen, heimatlich. Zu meiner Verblüffung evoziert das Geräusch einen kleinen Stich: Heimweh. Der Aufstieg ist schweißtreibend, aber nicht lang. Von oben bieten sich schöne Ausblicke in die hellblaue Landschaft. Talwärts stehen krumme Korkeichen wie toll auf der rostroten Erde. Teilweise leuchten ihre Stämme so orangefarben wie das Wasser in einer Lacke. An einem Nightclub vorbei geht es durch eine schöne *Dehesa* mit Korkeichen, Zistrosen und kopfgroßen, runden Steinen. Ein kleiner Pfad führt bergauf zum *Hostal*, der Herberge in *Grimaldo*. Die Bar gegenüber ist dicht besetzt von Pilgern, die plaudern, schreiben, lesen. Über dem hitzeflirrenden Asphalt blickt man auf die Berge – mit Schnee auf den Gipfeln!

Galisteo: Schwalbennester an der Puerta de la Villa | Maurische Stadtmauer aus Bachsteinen vom Río Jerte (ab dem 9. Jh. entstanden)

GRIMALDO – CARCABOSO

18. ETAPPE

Heute ist es heiß und wolkenlos. Ich habe acht Stunden zu gehen. Die ersten fünfeinhalb fallen mir ganz leicht. Erst geht es auf einem Feldweg, mal entlang, mal durch Korkeichen-Dehesas, dann ein Stück weit auf der Römerstraße mit originaler Straßenpflasterung, anschließend hinunter in ein einsames, stilles Tal und über Kuppen mit süß duftenden Zistrosen, über denen unzählige Bienen brummen. Meine Pilgermuschel klappert, teilt die Zeit in Schritt-Einheiten – tack, tack, tack – ganz gleichmäßig. Am Wegrand leuchtet weiß ein Rinderknochen. Den haben Geier, Legionen von Ameisen und die Sonne blank geleckt, getrocknet, gebleicht. Plötzlich „wischen" mindestens dreißig Geier über mich und schrauben sich mit gespreizten Flügeln im Aufwind immer höher. Eine neongrüne Riesenechse „erstarrt" auf dem Feldweg, aber nicht lange genug für meinen Fotoapparat. Nach einem kurzen Straßenstück wandert man über Graskuppen mit Ginster und Kuhherden. Gleichzeitig mit der Siesta komme ich nach fünfeinhalb Stunden in *Galisteo* an. Der Ort ist von einer Mauer umgeben, *Muralla Almohade*, die von den Mauren aus den Steinen des *Río Jerte* gebaut wurde. Bei der Kirche kann man diese Stadtmauer besteigen. Von dort geht der Blick über die engen Gassen, in denen sich ein weißes Haus an das nächste reiht, und Richtung *Sierra de Gredos*, an deren Südhang im *Kloster Yuste* Karl V. (oder Carlos I.), der Mann, in dessen Reich die Sonne nie unterging, einsam und verbittert in einer tristen Kammer mit Altarblick viele Jahre seinem Tod entgegensiechte.

Nach Galisteo wechselt man über die *Puente Medieval* ans andere Ufer des Río Jerte, dessen Tal besonders fruchtbar und berühmt für seine millionenfache Kirschblüte ist. Bei einer Baustelle sind alle Schilder und Pfeile weg. Ich lese nach und überlege. Schon springt eine Frau aus dem Auto und erklärt mir den Weg, dreifach und sorgsamst. Jetzt bin ich auf der langen Landstraße. Erst säumen sie Opuntien, dann Pappeln. Später kommen Felder und große Lagerhäuser mit Luftlöchern zwischen den Ziegeln, damit das Getreide darin gut trocknet. Die meisten sind Ruinen. Inzwischen habe ich *Aldehuela de Jerte* durchquert – wieder ein weißes Bauerndorf. Jeder dieser Orte hat eine Straße, die nach Kolumbus, Pizarro oder Cortés benannt ist. Noch ist Siesta. Ein spanischer Macho staubt seinen Geländewagen mit einem Staubwedel ab. Weitere fünf Kilometer auf der Landstraße. Tack, tack, tack. Ein Bauer pflügt mit seinem Ackergaul und ruft ihm anfeuernd „Hombre!" Drei alte Frauen kommen mir mitten im Nirgendwo in ihren schönsten Kleidern entgegen – eine trägt einen Schirm, eine singt. Dann ist das Ziel erreicht: *Carcaboso*. Ich bin müde und ausgetrocknet. Die morgige Etappe ist eine Stunde länger.

Große Findlinge im lichten Eichenwald einer friedlichen Dehesa etwa eineinhalb Stunden Gehzeit nach Carcaboso

CARCABOSO – ALDEANUEVA DEL CAMINO

19. ETAPPE

Um 20:45 Uhr bin ich beim Auto angekommen, nach fast zwölf Stunden, davon neun Stunden Gehzeit, der längsten Etappe meines Lebens. Ich bin sozusagen „tierisch" müde – ich nenne es so, weil meine körperlichen Bedürfnisse nach Essen, Trinken, Ausruhen alles andere in den Hintergrund stellen. Eine Stunde vorher hatte ich in meinem Tagebuch notiert:

„Die Zunge klebt am Gaumen, die Abendsonne leuchtet golden, die Luft duftet süß, der Weg ist weit."

Da hatte ich vermutlich noch fünf Kilometer vor mir und 29 hinter mir. Die nächste halbe Stunde tanzten die Worte in mir einen surrealen Reigen: „Der Weg duftet golden, die Abendsonne klebt am Gaumen, die Zunge leuchtet süß, die Luft ist weit. Die Luft leuchtet weiß, der Weg klebt am Gaumen" etc. etc. Das Ortschild *Aldeanueva del Camino* kam schließlich doch schneller als gedacht – ich habe es sogar fotografiert. Dann habe ich fünf Viertelliter Wasser ohne Absetzen getrunken und die Schuhe ausgezogen. Meine Fußsohlen fühlten sich an, als wären sie von einer einzigen großen Blase bedeckt. Aber ich hatte nicht eine! Und nun: sitzen. Und dann: essen.

Ausgrabungsstätte der Römerstadt Cáparra mit dem vierbogigen Arco de

DU MUSST JEDEN TAG DEINEN FELDZUG GEGEN DICH SELBST FÜHREN. Friedrich Nietzsche

Später notiere ich im Tagebuch: Die heutige Etappe führte in Landschaften, die friedlicher nicht sein könnten, und zu einer römischen Stadt. Nach *Carcaboso* kamen friedliche Weiden mit Eichen und bemoosten Findlingen, dann weite Wiesen mit Kühen, Störchen und Schildkröten in den Tümpeln. Im Hintergrund leuchteten die Schneegipfel der *Sierra de Gredos*. Von der *Finca Ventaquemada* führte eine ca. 50 Meter breite *Cañada* bis zum imposanten vierbogigen *Arco de Cáparra*. Die Römerstadt *Cáparra*, 74 n. Chr. von Kaiser Vespasian zur Stadt erklärt, profitierte mit ihrer verkehrsbegünstigten Lage an der Route Mérida–Astorga von den Händlern und Durchreisenden. Luxuriöse Bauten, Amphitheater, das riesige Forum und die Thermen bezeugen ihren einstigen Reichtum. Obwohl sie ihre ehemalige Bedeutung verloren hatte, hielt sich eine kleine Siedlung am weiterhin wichtigen Verkehrsweg bis ins Mittelalter. Anfang des 19. Jahrhunderts verschwand der Ort ganz. 1929 begannen erste Ausgrabungen. Früher wären auf der heutigen Etappe etliche Furten zu durchqueren gewesen. Inzwischen wurde mit hohen Trittsteinen vorgesorgt. Aber viele Wasserläufe sind so und so völlig trocken. Nach den friedlichen Weiden folgten vier Stunden auf der Straße, zuerst entlang einer verkehrsarmen, blütengesäumten Landstraße. Bei Erreichen der N 630 versuchte ich den Weg rechts von ihr fortzusetzen, fand ihn nicht, kehrte um und folgte ihr und meinem Schatten bis *Aldeanueva del Camino*. Der Schneeberg kam immer näher.

Martin Minner

ALDEANUEVA DEL CAMINO – CALZADA DE BÉJAR

20.
ETAPPE

Aldeanueva del Camino spiegelt die Nähe zu den Bergen wider: Der Ort ist weitaus rustikaler als die bisherigen. Hier wird jährlich bis etwa eine Million Kilogramm *Oro Rojo*, rotes Gold, fabriziert – das besonders farb- und geschmacksintensive Pulver aus Paprikaschoten, die über dem Rauch von Eichenholzfeuern getrocknet wurden.

Heute geht es um 400 Höhenmeter hinauf auf 900 Meter Seehöhe. Davor mache ich eine Schleife über das vier Kilometer entfernt liegende Städtchen *Hervás* – ein Umweg, der sich sehr lohnt, vor allem wegen des fast vollständig erhaltenen Judenviertels mit seinen engen Gassen namens *Sinagoga* oder *Rabilero*, seinen weißen *Fachwerkhäusern*, die in den Obergeschossen fast an die gegenüberliegenden stoßen. Die Delikatessenläden verkaufen Kirschschnaps aus dem Jerte-Tal, den größten Spargel, den ich je sah, und *Criadillas de Tierra*, Hoden der Erde – eingelegte Pilze. In Hervás ist eine der nettesten *Pilgerherbergen*: Sie wurde in einem topsanierten früheren Bahnhof mit viel Witz und Charme eingerichtet (siehe Fotos rechts unten) und wird von Carlos García Díaz bestens geführt. Mir beschert Hervás noch ein drittes Highlight: die Wiederbegegnung mit Martin Minner. Martin schreibt allabendlich an seine Frau, einen Brief, eine Karte, ein Mail. Und bei jedem dieser Resümees stellt er fest, dass das Schöne die Mühen und Leiden bei Weitem übertrifft. Ich freue mich, diesem feinsinnigen, spirituellen, gebildeten Menschen begegnet zu sein. Ob wir uns je wiedersehen, weiß niemand. Aber Martin sagt, auch das lehrt der Weg: Einüben ins Abschiednehmen. Wir umarmen uns und winken uns lange nach.

Zurück auf der N 630 begegne ich den beiden holländischen Bikern Ina und Herman Wiegers. Sie haben 600 Kilometer hinter und noch 2400 Kilometer vor sich. Sie wirken mental und körperlich topfit. „Buen camino!", rufen sie mir zum Abschied zu – wie gleich darauf ein ganzer Trupp spanischer Radfahrer. Ein junger Traktorfahrer hupt und winkt. Trotz der Straße gefällt mir das *Valle Ambroz* und die *Montes de Tras la Sierra*. Der Weg steigt an.

Der Kurort *Baños de Montemayor* hat eine nette Altstadt mit zahlreichen rustikalen Häusern, die teilweise viel Improvisationstalent beweisen. Weiter unten liegt der neuere Stadtteil mit den Thermalquellen, die dem Ort viel Fremdenverkehr bescheren. Hier prägt die typische, elegante Bäderarchitektur mit dreistöckigen Hotels, viel Schmiedeeisen und Stuck das Ortsbild. Palmen verleihen ihm ein südliches Flair – es werden für lange Zeit die

Im jüdischen Viertel von Hervás (689 m, 3000 Einwohner) | Thermalbad Baños de Montemayor

NIEMAND KANN ZWEIMAL IN DENSELBEN FLUSS STEIGEN. Heraklit

letzten sein. In den Shops gibt es regionale Spezialitäten zu kaufen, Töpfereien und Korbwaren mit Kastanienholz. Das Empfehlungsschreiben der spanischen Botschaft öffnet mir wieder einmal die Türen, und eine nette Angestellte führt mich durch das *Thermalbad*, das mit seinem 43 Grad warmen, schwefelhaltigen Wasser vor allem für Asthma- und Rheumakranke heilsam ist. Die Bäder sind von den Römern gegründet worden, aber laut vorgefundenen Inschriften haben schon die Kelten vor 2500 Jahren hier einen Nymphenkult zelebriert. Die römischen Funde wurden höchst reizvoll in die heutige Architektur integriert. Wer entspannen will, kann das hier auf das Angenehmste tun. Eine Pilgerherberge ist ebenfalls im Ort vorhanden.

Nun wartet auf meine Füße ein 2000 Jahre alter Weg: Oberhalb von Baños de Montemayor ist ein Stück der originalen Römerstraße erhalten. Es fühlt sich besonders an, darauf zu gehen. Was es bedeutet haben musste, wenn einer sagte, er mache eine „Reise", wie mühsam, wie langsam und wie gefährlich es gewesen sein muss …

Am Pass *Puerto de Béjar* ist wenig später die Grenze zu Kastilien erreicht! Die *Sierra de Gredos* bildet eine natürliche Barriere zwischen Castilla y León und der Extremadura. Ihre Gipfel sind schneebedeckt. Ich kaufe trockene, süße Kekse in einer Bäckerei am Pass. Der Preis, den die schicke Chefin nennt, ist etwas teuer. Aber es ist mir egal. Ich pflücke eine blitzblaue Blume am Wegrand, lege sie ins Tagebuch und gehe vergnügt naschend meine ersten Schritte in Kastilien. Der heutige Tag hat etwas Leichtes, Spielerisches, obschon das Land mit einem Schlag anders erscheint: rauer, ernster. Hier ist Südspanien „plötzlich" zu Ende.

Nun geht es abwärts durch ein grünes, schattiges Tal. Zwei Radfahrer sausen halsbrecherisch hinunter. Als sei es dem Flussnamen zu Ehren, badet am *Río Cuerpo de Hombre*, dem „Männerkörperfluss", ein Pilger. Das grüne Tal, die Wiesen, Bäume und Kühe erinnern mich an daheim. Eineinhalb Stunden später ist *Calzada de Béjar* auf 800 Meter Seehöhe erreicht. Gleich links ist die Pilgerherberge. Der Ort hat 92 Einwohner. Von den kleinen Häusern ragen abenteuerliche Balkone über die Gehsteige. Die Menschen grüßen jeden, der des Weges kommt. Sie scheinen wenig Geld und alle Zeit der Welt zu haben.

CASTILLA Y LEÓN

Castilla y León ist die größte der autonomen Regionen Spaniens, es ist die Wiege der spanischen Hochsprache, des *Castellano*, und des spanischen Staates: Durch die Heirat Isabellas I. von Kastilien mit Ferdinand II. von Aragón (1469) wurden die beiden Königreiche vereint und damit der Grundstein des heutigen Spaniens gelegt.

Fünf Wandertage ab *Fuenterroble de Salvatierra* geht es durch ein Gebiet, das ich sehr deutlich als das „Innere Spaniens" empfinde: Es ist dies das zentralspanische Hochland, die *Meseta*, die von 900 Metern Seehöhe im Süden auf 700 Meter im Norden abfällt. Hier sind die Sommer heiß und die Winter bitterkalt. Es ist ein weites, ein sprödes Land mit endlosen Horizonten. Der baskische Dichter Miguel de Unamuno, ein Wahlkastilier, nannte diese kargen Ebenen seine „Seelenlandschaften". Die auf lange Strecken reizarmen Landstriche intensivieren Eindrücke, verändern den Blickwinkel und die Parameter: „In einer Landschaft, in der ein einzelner Baum kilometerweit zu sehen ist, wird die Zeit anders gemessen", bemerkt Cees Nooteboom. Genau dieses veränderte Maß sei es, was ihn nach Spanien lockt (Nooteboom, 376). Auch die kulturhistorischen Juwelen am kastilischen Teilstück der Vía de la Plata sind eingebettet in die Meseta: *Salamanca*, die internationale Universitätsstadt mit ihrem lebhaften Flair inmitten ihrer kunstvoll verzierten Sandsteinbauten, und *Zamora*, mit ihrer Fülle an romanischen Kirchen und Jugendstilhäusern und dem *Río Duero*, der die Grenze bildet zwischen der im milderen Süden gelegenen *Tierra del Vino*, dem Weinland, und der nördlicheren, raueren *Tierra del Pan*, dem Brotland.

Ab *Granja de Moreruela* gibt es zwei Wege nach Santiago de Compostela: den *Camino Sanabrés* über *Puebla de Sanabria* und *Ourense* nahe der portugiesischen Grenze oder weiter die *Vía de la Plata*, die nun durch Flachland bis *Astorga* führt und dort in den belebteren *Camino Francés* mündet. Ich wollte mir die Entscheidung über die Wegwahl offenlassen, je nachdem, ob mir die Vía de la Plata bis dahin zu einsam war oder nicht. Das ist nicht der Fall und so wähle ich die Variante via Ourense.

Die monotonen Weiten der kastilischen Hochebene werden nach etwa 140 Kilometern abgelöst von der lieblichen Hügellandschaft, in die sich der *Río Esla* sein malerisches Flusstal gegraben hat. Anschließend sind der *Río Tera* sowie die Pappelplantagen an seinen Ufern landschaftsprägende Faktoren. In diesem Gebiet sind viele Häuser aus Adobe-Ziegeln erbaut – aus Lehm und Stroh geformte, von der Sonne gebrannte Ziegel. Typisch für diese Region sind auch die *Bodegas*, kleine private Weinkeller in Stollen, die vor etwa zweihundert Jahren in die Erde gegraben wurden. Auch heute wird hier noch Wein gekeltert. Die Tera wird einige Stunden flussaufwärts verfolgt, dann betritt man bei *Villar de Farfón* die *Tierras de Sanabria*, und damit bekommt die Landschaft einen gebirgigeren Charakter. Flechtenbewachsene Granitfindlinge und Eichen, Ginster und Zistrosen herrschen vor. Granithäuser lösen solche aus Adobe-Ziegeln ab, die Dörfer sind vielfach fast verlassen. Ab *Otero de Sanabria* überziehen baumlose Ginsterbüsche und Heidekräuter das Land bis zu den Abhängen der *Sierra de Cabrera*. Die nächste Etappe führt auf 1355 Meter Seehöhe, den höchsten Punkt der gesamten Wanderung. In meinem Fall geht es am 14. Wandertag über die Grenze nach Galicien.

Die Infrastruktur der dünn besiedelten Regionen Kastiliens betreffend, warnt Cordula Rabe in ihrem Wanderführer zu Recht vor mitunter bescheidenen Herbergen und einfacher Kost. Abhilfen sind: individuelle Etappenteilung, Recherche um alternative Nächtigungsmöglichkeiten und die Mitnahme von Notproviant.

Zu diesem Zeitpunkt haben die Pilger noch etwa 500 Kilometer vor sich. Bei einem so langen Weg ist es unerlässlich, sein eigenes Tempo zu finden.

CALZADA DE BÉJAR – FUENTERROBLE DE SALVATIERRA

21.
ETAPPE

Heute wende ich den Schneebergen schon den Rücken zu. Die Etappe ist 19 Kilometer kurz und sehr schön – mit einem Weideweg durch weite Eichen-Dehesas, auf denen Kuhherden weiden, und einer dank Trittsteinen völlig problemlosen Bachüberquerung sowie einem Stück Landstraße durch eine Gegend mit Felsfindlingen.

Mittags notiere ich vor *Valverde de Valdelacasa*: „Es ist kühl und über den Bergen hängen Wolken. Ich habe trotzdem enormes Wetterglück. Andere Pilger haben im Mai kalte Winde und Schneefall erlebt. Eben kam eine Pilgerin aus der italienischen Schweiz vorbei. Die Hände in den quer über die Schultern gelegten Stock gehängt, lauscht sie heiter und entspannt ihrem Walkman. Sie freut sich darauf, den Pfarrer Don Blas, Herbergsvater in Fuenterroble, kennenzulernen – er soll eine interessante Persönlichkeit sein. Dann kommen zwei deutsche Pilgerinnen, die um acht Uhr in Hervás aufgebrochen waren. Wie konnten sie den etwa siebenstündigen Weg in vier absolvieren?! Sie marschieren aber auch extrem strammen Schrittes! Sie rufen ein kurzes „Siesta?“ in meine Richtung, und schon sind sie weg. Ein etwa 55-jähriger Pilger ist ganz in sich versunken. Er geht wort- und gruß-los vorbei. Nicht nur was einen bewegt und unsere Beweggründe sind verschieden, auch wie wir uns bewegen – den Weg gehen – ist höchst individuell.

Blick zurück auf die Sierra de Gredos – das Gebirge bildet eine natürliche Grenze zwischen der Extremadura und Castilla y León

NACH INNEN GEHT DER GEHEIMNISVOLLE WEG. Novalis

Vor dem Etappenziel *Fuenterroble de la Salvatierra* überfällt mich ein heftiger Frust: Mein Genick brennt vom Rucksacktragen. Die Fußsohlen fühlen sich an wie ein oft gewaschener Stoff – dünnhäutig, empfindsam. Und es ist ein Phänomen: Bei fast jeder Etappe, mag sie auch so kurz sein wie die heutige, wird mir die letzte Stunde lang. Das letzte Wegstück bestand aus vertrocknetem Matsch, kein Zentimeter war eben und meine Fußsohlen spüren mittlerweile durch die Schuhe hindurch jede Unebenheit. Es nervt mich. Dann schaue ich dem Frust in die Augen und sehe: Ich wünsche mir, dass mein Handeln, Denken und Fühlen makellos liebevoll seien. Aber das sind sie nicht. Und ich bin mir böse, wenn es anders ist, und anderen, wenn sie in mir davon Abweichendes evozieren. Ich verlange viel zu viel und spüre, wie weit ich davon entfernt bin, mich selbst so anzunehmen, wie ich bin, inklusive aller ambivalenten Gefühle. Charlie Chaplin fällt mir ein. Er hat in einem Brief geschrieben, was sich alles veränderte, „als ich mich selbst zu lieben begann …" Dieser Satz wiederholt sich in mir nun wie ein Mantra und erleichtert mich sehr. Es passt, dass gleichzeitig der festgebackene Matsch abgelöst wird von orangefarbener Erde und Fuenterroble de Salvatierra, die Heilerde, das „Heilende", in Sicht kommt. Der Schmerz im Genick stört jetzt viel weniger.

Blick zurück auf die Sierra de Gredos

FUENTERROBLE DE SALVATIERRA – MORILLE

22.
ETAPPE

Mit *Fuenterroble de Salvatierra* beginnt das riesige kastilische Hochland. Obwohl das Dorf auf 955 Meter Seehöhe liegt, hat es nichts von einem Bergort. Morgens um sieben ist der Himmel im Osten orange. Zwar bewölkt es sich danach, aber manchmal scheint die Sonne. Erst führt ein Feldweg durch friedliche Dehesas mit wunderbaren Steinmauern und Herden. Vom *Bosque de Peregrino*, einem aus Ästen gebauten Unterstand, am Fuß des Berges sind 200 Höhenmeter aufzusteigen zur *Sierra de la Dueña*. Ihr Kamm ist dicht bestückt mit Windrädern. Bei Nebel wirkt die Gegend mit dem fast weißen, dichten Kraushaar der Flechten auf den Eichen und dem regelmäßigen, wischenden Geräusch der rotierenden Windräder bestimmt gespenstisch. Jetzt öffnen sich mir aber schöne Blicke von dort auf die riesigen, einsamen, mit Korkeichen getupften Weiden im Umland des Gebirges. Vor dem Steinkreuz *Cruz de Santiago* haben Pilger Steinmänner errichtet. Von hier geht es bergab in eine irisch anmutende Landschaft. Jetzt trage ich Faserpelzjacke, Anorak und Haube.

Dann liegen fast zwei Stunden Landstraße vor mir. Statt der erwarteten „Übung in Gleichmut" beschert sie mir ein Highlight: Neben der Straße führt ein schmaler Pfad entlang einer grandiosen Steinmauer. Inzwischen bin ich unzählige Kilometer an so verschiedenartigen Steinmauern entlanggegangen. Jede ist geprägt von den Steinen, die es in dem Landstrich gibt. Diese hier finde ich vollkommen in ihrer Bauart. Frühere Generationen haben diese Steine aus den Wiesen geklaubt, zusammengetragen und sie fugenlos in Trockenbauweise zu dieser endlosen

Stiere in der Finca de la Cazadilla de los Mendigos

Mauer geschichtet. Es ist das perfekt instand gehaltene Monument einer enormen Leistung. Mir gefällt, dass die von der Mauer eingezäunte, riesige Farm bis ins kleinste Detail fürsorglich bearbeitet ist. Ich pflücke ein paar der orangefarbenen Grashalme und lege sie als Lesezeichen in mein Tagebuch. Inzwischen ist es bewölkt und wirkt schon abendlich. Ich genieße diese Etappe, die definitiv zu meinen liebsten gehört, und lausche dem Wind: Wie unterschiedlich er klingt in verschiedenen Bäumen, im zu- und im abgewandten Ohr und wie sich das bleiche, trockene Gras im Luftzug bewegt. Ich höre den Schlaufen des Rucksacks zu, meinen Schritten, dem Flügelschlag der Vögel. Ich schaue den Wolken zu und beobachte einen Käfer. Ich bin voll stillem Glück und Dankbarkeit, dass ich diesen Weg gehen darf. Sogar der Rucksack sitzt heute gut. Nach dem ärmlich wirkenden Ort *San Pedro de Rozados* mit seinen auffallend niederen Häusern führt ein hellgelber Feldweg nach *Morille*. Das Licht zwischen schweren, graublauen Wolken lässt das Schwarz der Kühe, das Grün des jungen Getreides aufleuchten. Um 17:30 Uhr komme ich in Morille an. Ab hier sind es noch 467 Kilometer bis Santiago – es ist die Hälfte der Strecke von Sevilla! Jetzt traue ich es mir zu, noch ein Mal so viel zu gehen.

In den 1950er Jahren lebten in Morille 1000 Einwohner – sechs Mal mehr als heute. Das lag an der Goldgräberstimmung, die den Ort damals erfasst hatte: In der Nähe wurden Zinn, Wolfram u. a. abgebaut, und die Menschen hofften auf ein neues Einkommen in den Minen. Aber der Abbau war zu wenig rentabel und wurde eingestellt.

Ton van der Molen und Rick van de Ven

MORILLE – SALAMANCA

23.
ETAPPE

Gestern gab es zur „Halbzeitfeier" Wein, Blumen und besonders gutes Essen. Ich zog eine Art Resümee des bisherigen Weges: meine Aufgeregtheit seine Länge betreffend, die mich noch um Cáceres zuweilen befallen hatte, ist weg, weil es mir so gefällt zu gehen, den Weg in Wort und Bild zu dokumentieren und weil ich „eingegangen" bin, was drei Wochen gedauert hat. Ich habe keinerlei Beschwerden mehr, selbst der Rucksack und ich gehören nun zueinander, und mit dem Wetter habe ich Glück. Erleichterung, Freude und Wein machen übermütig. So musste ich bei der Auflistung möglicher Fährnisse, für die mein Wanderführer dankens- und praktischerweise die Übersetzung anbietet, bei jedem Ausdruck mehr lachen: kein Trinkwasser, Muskelkater, Blase, Wunddesinfektionsmittel, Wadenkrampf, Austrocknung, Durchfall, Verstauchung, Sonnenstich, Ohrenstöpsel ... Ich sehe der zweiten Weghälfte heiter-gelassen entgegen und habe überdies inzwischen kräftigere Beine.

Heute Morgen ist es allerdings nebelig, kalt, windig und regnerisch. Dann biegen die „two tomatoes" um die Ecke, wie Rick lachend sagt, als ich ihm und Ton, zwei holländischen Pilgern, am Display das Foto von ihnen mit den roten Pelerinen zeige. Der links sei Ton, der rechts Rick, erklären sie, und dass sie immer so gingen, auch am Camino Francés vor sieben Jahren.

Als sich wenig später an diesem Tag unsere Wege erneut kreuzen, setzen wir unsere Unterhaltung fort und plaudern den ganzen Weg lang bis Salamanca. Wir reden bald über „Gott und die Welt". Rick betreibt eine Art fröhliche Desillusionierung: „Stell dir vor, du steigst einen hohen Berg hinauf, erhoffst dir einen Ausblick auf Sinn

Etwa eine Stunde vor Erreichen des Stadtrandes ist Salamanca in der Ferne erstmals auszumachen.

SEI DU SELBST DIE VERÄNDERUNG, DIE DU DIR WÜNSCHST FÜR DIESE WELT. Mahatma Gandhi

und Bedeutung des Lebens und des Universums und endlich oben erkennst du mit großer Klarheit, dass da NICHTS ist." Für ihn ginge es darum, überholte Vorstellungen, Konzepte, angelesenes Wissen, die persönliche „Vergangenheit" beiseitezulegen und das Spiel des Lebens um seiner selbst willen zu bejahen. Die große heitere Gelassenheit und Freundlichkeit, die er ausstrahlt, schlägt die Brücke zum ersten Eindruck, den die „two tomatoes" bei mir hinterlassen haben – denn ich hatte sie für den Bruchteil einer Sekunde als buddhistische Mönche gesehen. Das „Spiel des Lebens", wie es Rick nennt, beinhaltet für sie u. a. das Engagement für eine Vereinigung, die einen freiwilligen Besuchsdienst hospitalisierter Kinder organisiert (mehr unter: www.regenboogboom.nl). Sie erzählen mir die bewegende Entstehungsgeschichte dieser Organisation und dass sie auch für diese Kinder den Weg gehen und inzwischen mehrere Tausend Euro gesammelt haben.

Unserer Gespräche wegen achte ich heute wenig auf die Landschaft. Ein breiter Feldweg führt über sanfte Hügel, mal mit, mal ohne den dunkelgrünen Tupfen der Eichen auf dem helleren Grün der Weiden, auf denen Kühe grasen. Es ist schön und friedlich. Vier Motocross-Fahrer winken im Vorüberfahren und wünschen uns „buen camino!"

In *Salamanca* begrüßen riesige, triste Häuserblöcke den Wanderer. Die Stadt zeigt sich dem Pilger hier zunächst nicht von der nettesten Seite.

Beide Seiten: Das Westportal der Catedral Nueva (1513–1733 erbaut)

SALAMANCA

In der Farbe rötlich-blonden Haares leuchtet die Altstadt von *Salamanca*, der traditionsreichsten Universitätsstadt Spaniens, über den *Río Tormes*. Turm und Kuppel der *Catedral Nueva* ragen wie eine Krone über ihr Ensemble sandsteinfarbener Gebäude. Bis ins 12. Jahrhundert war Salamanca eine eher unbedeutende Kleinstadt. Portugiesen, Mozaraber, Juden und Franken lebten damals in getrennten Vierteln. Um 1150 wurde dann im Frankenviertel mit dem Bau der *Alten Kathedrale* begonnen. Der romanische Bau ist fast unverändert erhalten. Unmittelbar daneben wurde die *Neue Kathedrale* errichtet. Ihre Baugeschichte dauerte 220 Jahre. Ihr Westportal und der dreischiffige Innenraum entstanden im Stil der Isabellinischen Gotik (1513–1533). Danach wurden Elemente der italienischen Renaissance – Medaillons und Galerien – eingefügt. Ab 1577 kam es fast 100 Jahre lang zu einem Baustopp. Der Stern Salamancas als Universitätsstadt war damals gesunken, es fehlte an Geld für dieses nun veraltet erscheinende Projekt. 1733 wurde die Kathedrale schließlich geweiht, nachdem Joaquín Churriguera (1674–1724) ihr die imposante Kuppel verliehen hatte. Mich beeindrucken vor allem der hohe, lichte Raum des Kirchenschiffs, mit seinen vielen Säulen, deren Bündel sich im Gewölbe zu Blüten formen, und die herrlichen plateresken Portale mit ihren steinernen Spitzen und den vollplastisch gestalteten Panoramen biblischer Szenen und schauriger Fabelwesen. Diese wurden bei Restaurierungsarbeiten von zeitgenössischen Steinmetzen um eine weitere bereichert: An der *Puerta de Ramos* befindet sich nun auch ein Astronaut.

Die *Universität* von Salamanca, 1218 von Alfons IX. gegründet, verhalf der Stadt zu Weltruhm. Sie war die erste Universität Spaniens und nach Bologna, Paris und Oxford die vierte Europas. Um 1500 lebten allein 5000 Studenten in der Stadt. Heute studieren 30.000 Studenten an der Universität – bei 160.000 Einwohnern ist das ein sehr hoher Anteil junger Intellektueller, was der Stadt ein jugendliches Flair gibt. Vor dem Eingangsportal steht eine *Statue von Fray Luis de León*. Der Mystiker und Dichter übersetzte im 16. Jahrhundert das alttestamentarische Hohelied Salomos ins Spanische. Daraufhin inhaftierte ihn die Inquisition fünf Jahre lang. Ihn zu beugen gelang aber nicht. Die erste Vorlesung nach seiner Verhaftung begann er mit den Worten, „Deximos ayer …" (Wie wir gestern sagten …). Ihm zur Seite stand als Theologe und Jurist der Dominikaner Francisco de Vitoria. Schon 1538 hielt er Vorlesungen über Menschenrechte, stritt dem König und der kirchlichen Macht gegenüber für die Rechte der Indios und predigte Gleichheit der Rassen. Der spanische Nationaldichter Miguel de Cervantes und Johann, der einzige Sohn der Katholischen Könige, waren berühmte Studenten der Universität. Der Baske Miguel de Unamuno, einer der größten Dichter Spaniens, war ab 1900 Rektor. Als er sich 1936 engagiert gegen die Franco-Anhänger wandte, erfolgten Amtsenthebung und Hausarrest. Zehn Wochen später starb er. Den Eingang der dreigeschossigen *Westfassade* des Gebäudes ziert ein steinerner Wandteppich, ein platereskes Wunderwerk von anonymen Künstlern. In der Mitte befindet sich ein Medaillon der Katholischen Könige. Das meistgesuchte Detail aber ist ein Totenkopf, auf dem eine Kröte thront – Symbol für Ausschweifung und Vergänglichkeit.

Plaza Mayor (18. Jh., 4400 m^2 groß) mit den königlichen Pavillons an der Ostseite und dem Rathaus an der Nordseite

Das lebendige Zentrum, das Herz Salamancas, ist sein berühmter Hauptplatz, einer der schönsten Plätze Europas: die *Plaza Mayor*. Das riesige Viereck von 4400 Quadratmetern Fläche ist von einem Karree dreistöckiger Gebäude über Arkadengängen umgeben. Der Platz wurde 1729–1755 von Felipe V. beauftragt und von Alberto Churriguera (1676–1750), dem als Architekt begabtesten der drei Churriguera-Brüder, entworfen. Mit dem Platz wurde der Zivilgesellschaft ein lebendiges Denkmal gesetzt, denn damals wie heute treten die Bürger auf diese festliche Bühne für ihr täglich neues Stück, ein buntes, reges Treiben, gespielt von Frühaufstehern, Rentnern, Losverkäufern, Liebespaaren, Boten, Kellnern, Geschäftsleuten, Schülern, Studenten, Touristen, Einkaufenden, den einheimischen und internationalen Besuchern der vielen Cafés, Restaurants und Bars. Jeder ist Publikum und Akteur zugleich. Mitgestalter dieser effektvollen Theaterkulisse sind Licht und Wetter, verantwortlich auch für die wechselnden Farben des Sandsteins, und die Laternenbeleuchtung unter dem nächtlichen Himmel. Zur Siesta allerdings fegt, vor allem im Sommer, eine höhere Macht den Platz frei: die Hitze.

Unübersehbar sind die Medaillons in den Zwickeln der Arkaden. Sie ehren Helden, Entdecker, Autoren, Künstler und Könige. Pizarro, Cortés und sogar Franco sind vertreten. Eines der Medaillons ehrt die *Reyes Católicos*, die Katholischen Könige Ferdinand und Isabella, die große Mäzene der Stadt und der Universität waren. Die Geschichte dieses Paares wäre Stoff für eine Oper oder einen Spielfilm: Berechnung, Intrigen, Interessen auch außerhalb Spaniens, dürften mitgespielt haben, dass die 18-jährige Isabella, kastilische Thronfolgerin, ihren Kopf durchsetzen und den um ein Jahr jüngeren Ferdinand, König von Aragonien und Sizilien, 1469 heiraten konnte. Zuvor musste sich Ferdinand aber 1469 in den „Capitulaciones" vertraglich verpflichten, in Kastilien zu leben und in der Regentschaft die Nebenrolle zu spielen. Dann machte sich der Prinz, als Maultiertreiber verkleidet, auf den Weg zur heimlichen Hochzeit. Die beiden hatten einander zuvor nie gesehen. Dem jungen Paar fehlte es ganz und gar an Geld, ihr Hof hatte keine Hauptstadt, kein repräsentatives Schloss, jedes ihrer fünf Kinder wurde woanders

Eisdiele unter den Arkaden der Plaza Mayor, zwischen den Emblemen von Pizarro und Cortés | Casa de las Conchas (um 1500 erbaut)

geboren, sie mussten Geld leihen. Doch durch ihre Heirat haben sie den Staat Spanien gegründet. Und in ihre Regentschaft fielen wichtige Ereignisse. Das Jahr 1492 wurde dabei in dreifacher Hinsicht ein goldenes Jahr für sie: Anfang Januar fiel mit Granada die letzte maurische Bastion. Damit hatte die Reconquista endgültig gesiegt. Im selben Jahr „entdeckte" Kolumbus Amerika. Spanien wurde infolgedessen zu einer die halbe Welt umspannenden Großmacht, und der unermessliche indianische Goldschatz begann nach Spanien zu fließen. Schließlich verlieh Papst Alexander VI. Isabella und Ferdinand einen Titel, den vorher und nachher kein spanischer König tragen sollte: den Titel der „Katholischen Könige". Noch im selben Jahr verfügten die beiden, dass die ca. 400.000 spanischen Juden das Land ohne Hab und Gut innerhalb von zwei Monaten verlassen mussten, andernfalls würden sie getötet! Eine jahrhundertealte Kultur wurde ausgelöscht. Für Spanien hatte der Schritt auch in wirtschaftlicher Hinsicht katastrophale Folgen. In einem Brief an den Papst stellte Isabella diesen Akt als Liebesbeweis zu Christus dar und beteuerte, die Reichtümer der Juden, die diese zurücklassen mussten, nicht angerührt zu haben. Das sei dahingestellt. Bestattet sind Isabella und Ferdinand in der *Capilla Real* der Kathedrale von Granada in der Nähe ihrer Tochter Johanna der Wahnsinnigen und deren Gatten, Philipp dem Schönen. Weil Isabellas einziger Sohn 1497 als 19-Jähriger verstarb, was diese nie verwinden konnte, trat Johanna die Wahnsinnige in die Thronfolge ein. Ihrer Spur werde ich in *Puebla de Sanabria* begegnen.

Eines der Wahrzeichen der Stadt und zudem eines ihrer charmantesten Gebäude ist das Muschelhaus, *Casa de las Conchas*, dem seine mit 400 steinernen Jakobsmuscheln verzierte Fassade den Namen gegeben hat. Fenster und Portal sind zudem von spätgotischen und plateresken Rahmen umgeben. Erbauer dieses Stadtpalastes war ein Arzt am Hof der Königin Isabella, ein Mitglied des Santiago-Ordens, dessen Symbol die Muschel ist. Heute befinden sich in dem um 1500 erbauten Gebäude Stadtbibliothek und Touristeninformation.

Puente Romano | *Iglesia de San Marcos (1178)*

Auf der abendlich beleuchteten *Puente Romano*, der römischen Brücke, gehe ich über den *Río Tormes*, der in den Río Duero mündet. Die 26-bogige Brücke wurde im 1. Jahrhundert n. Chr. erbaut und 1626 von einer ungeheuren Flutkatastrophe, die große Teile der Altstadt überflutet hatte, teilweise zerstört. 40 Jahre später wurden die zehn ruinierten Brückenbögen erneuert. Am Flussufer wird seit dem 16. Jahrhundert am Ostermontag der „Wassermontag" mit einem großen Picknick gefeiert. Dieses Volksfest geht auf eine Anordnung Philipps II. zurück, die alle Prostituierten ab Aschermittwoch vierzig Tage lang aus der Stadt verbannte, damit sich die Bevölkerung während der Fastenzeit fleischlicher Sünden enthalte. Am „Wassermontag" wurden sie in die Stadt zurückgeschifft und am Flussufer vom Volk mit einem Fest triumphal empfangen.

Es gäbe so viel zu sehen und zu erzählen über die Gebäude Salamancas und ihre Geschichte, über die grotesken Säulenkapitelle des Konventes *Santa María de las Dueñas* mit ihrem eindringlichen Panorama seelischer Qualen und körperlicher Freizügigkeit, oder über den *Konvent San Esteban*, der die Macht der Dominikaner eindrucksvoll demonstriert und durchaus eine Konkurrenz zur Neuen Kathedrale darstellt. Allein für den 30 Meter hohen geschnitzten Barockaltar von José Churriguera sollen 4000 Pinien gefällt worden sein. Ein Fresko in der Kirche verbildlicht das damalige Selbstverständnis des Ordens: Dominikus feuert einen von vier Rössern gezogenen Kirchenwagen an, der über die Ungläubigen hinwegrast. Die noch im 18. Jahrhundert so benannte *Calle de Muerte*, Straße des Todes, hat folgende Geschichte: Wie in anderen spanischen Städten eskalierten die Rivalitäten aristokratischer Familien bisweilen zu blutigen Fehden. In dieser Straße – gegenüber dem Ursulinenkonvent – liegt die *Casa de las Muertes*, das Haus der Toten, um das sich Legenden von hier aufgefundenen Ermordeten ranken. Erst die Katholischen Könige setzten Willkür und der mörderischen Spirale der Blutrache ein Ende,

Blicke auf die Catedral Nueva

ließen Wehrtürme abreißen und konnten eskalierende Familienkriege eindämmen. In der *Casa de Santa Teresa* soll Teresa von Ávila ihre berühmten Verse *Vivo sin vivir en mí*, „Ich lebe, ohne in mir selbst zu leben“, geschrieben haben. Gestorben ist sie unweit Salamancas in einem Karmeliterkloster. Der Reliquienkult war nach ihrer Heiligsprechung 1622 derart groß, dass ihr Leichnam förmlich zerstückelt und ihre Körperteile nach Madrid, Palencia, Segovia, Salamanca, Ávila, Sevilla, Málaga, Rom, Neapel, Mailand, Paris und Brüssel verbracht wurden.

Ein letztes Mal folge ich am nächsten Morgen den bronzenen, in den Boden eingelassenen Jakobsmuscheln durch das Zentrum stadtauswärts. Unter den Arkaden und der *Rúa Mayor* fallen besonders appetitliche Feinkostläden auf, Geschäfte für handgeschöpfte Schokolade, elegante Konditoreien und Delikatessenläden, in denen ein aromatisch duftender Schinken neben dem anderen hängt. Ein anderes Geschäft riecht ganz und gar nach Leder. Der Laden führt Stiefel erster Güte, Sättel, Hüte, Taschen und Gürtel. Seine Regale sind bis obenhin mit Schuhschachteln vollgeschlichtet. Die Kunden, lauter Männer, sind eifrig am Probieren und Diskutieren.

Stadtauswärts, am Ende der *Calle Zamora*, liegt die festungsartige *Iglesia de San Marcos* aus dem 12. Jahrhundert. Ich mag den ruhigen, runden Raum, seine unverputzten Steinwände, das einfache Kreuz, die schlichte Ausstattung. Durch die schmalen Steinfenster fällt wenig Licht. Der dunkle Raum lädt zum Innehalten, zu Stille und Meditation. Die schlichte Ruhe solcher Kirchenräume berührt mich viel mehr und ganz anders als die elaborierte Eleganz vollendeter barocker Bauwerke mit detailreichstem Dekor. Diese alte Kirche schlägt einen tieferen Ton in mir an.

Ruine des Franziskanerklosters El Soto (13. Jh.) bei Villanueva de Campeán

SALAMANCA – EL CUBO DE LA TIERRA DEL VINO – ZAMORA

24.
25.
ETAPPE

Nun ist der Himmel dunkelgrau und es nieselt. Trotzdem sind die städtischen Vororte flott durchwandert und Salamanca liegt hinter mir. Eine Autofahrerin hupt und hält mir den erhobenen Daumen lächelnd entgegen. Nach sechs Kilometern am Straßenrand zweigt links ein Feldweg ab, der zwischen flachen Feldern dem kalten Wind entgegen durch drei kleine Orte führt. Wenn die Sonne durch ein Wolkenloch bricht, leuchtet das Grün des Getreides wie Smaragd auf der fast elfenbeinweißen Erde. Nach 8,5 Kilometern ist wieder die N 630 erreicht. Auf ihrem Randstreifen sind nun fast 18 Kilometer zu gehen. Wegen einer riesigen Autobahnbaustelle wird aller Verkehr jetzt auf diese Bundesstraße umgeleitet, zudem sind auch hier die heftigsten Straßenbauarbeiten im Gange – mit Straßenwalzen, Baggern, Mischmaschinen, Containern, Ampeln, unzähligen Warnschildern und Einsatzwägen. Zig Bauarbeiter sichern die Baustelle ab. Ich ziehe meine Warnjacke über und halte die Augen offen. Die Muschel klappert wieder mal bei jedem Schritt. Vor einer roten Ampel warten viele Autos. Ich bin die einzige Fußgeherin. Erst stehe ich auch an, aber dann beschließe ich schmunzelnd, dass die Rotphase für PilgerInnen nicht gelten kann, und umgehe die einspurige Fahrbahn.

Nach drei viertel Stunden ist die Abzweigung zum *Castillo del Buen Amor* erreicht. In der etwa zwei Kilometer entfernten Palastburg, die im 15. Jahrhundert vermutlich vom ehemaligen Bischof Santiagos erbaut wurde, ist heute ein Luxushotel mit Restaurant untergebracht. Ich würde es gern besuchen, aber mein Klingeln bleibt unbeantwortet. Zurück bei der Abzweigung wird die Wanderung auf dem Seitenstreifen eine Zeit lang durch einen weitaus angenehmeren, von Zistrosen und Eichen gesäumten Pfad zwischen den Bahngeleisen und dem rechten Rand der Nationalstraße abgelöst. Trotz der bereits zurückgelegten 24 Straßenkilometer und sohin bislang unvergleichlich langweiligen Etappe geht es mir überraschend gut. Der Rucksack und ich sind zusammengewachsen. Ich habe keinerlei Genick- oder sonstige Schmerzen, keine Blasen, nichts!

Eine halbe Stunde entlang der Nationalstraße steht mir noch bevor, dann ist das Ziel der heutigen, fast achtstündigen Etappe erreicht: *El Cubo de la Tierra del Vino*. Der Name, ungefähr zu übersetzen mit „Eimer des Weinlandes“, geht auf die Zeit zurück, als hier Weinbau betrieben wurde. Eine Reblausplage setzte dem im 19. Jahrhundert ein Ende. Infolgedessen wurde auf Getreide umgesattelt. Der Ort hat vermutlich schon zur Römer-

Tierra del Vino südlich von Zamora – heute wird hier primär Getreide angebaut

zeit Reisenden auf der *Calzada Romana* Unterkunft geboten. Eine Sandsteintafel informiert Pilger über Wissenswertes. Solche vom Wegbetreuer Ramos Castro aufgestellte Tafeln begleiten die Pilger durch die Provinz Zamora.

Am nächsten Morgen steigt die Sonne aus dem orangefarbenen Horizont in einen fast wolkenlosen Himmel. Ich bin zeitig unterwegs. Bald biegt der Weg links ab von der Landstraße und ein Feldweg führt zwischen Feldern und Eichen einer aufgelassenen Bahnlinie entlang. Eine verrostete Tafel warnt nun mit ihrem Hinweis „Ojo al tren" vor Zügen, die nie kommen. Es ist windstill, ruhig und wolkenlos. In einem glatten Stein spiegelt sich des Himmels Blau. Nach etwa einer und drei viertel Stunden Gehzeit liegt ein weites Land verheißungsvoll vor mir: Durch die niedrigeren, sanft hügeligen Ebenen mit den Mustern und Farben verschiedener Felder, den Gruppen von Pappeln und Kiefern, den dunklen Akzenten knorriger Weinstöcke auf der rostroten, hellbraunen und weißen Erde schlängelt sich in weiten Kurven ein Feldweg. Ich genieße jeden Schritt der etwa vier Kilometer langen Strecke durch diese friedliche Landschaft, die auf den ersten Blick geradeso gut in der Toskana sein könnte. Während ich am Wegrand raste, sucht ein junger Bauer im Traktor nach passender Musik am MP-3-Player und eine neongrüne Echse huscht in ihr Erdloch in der Böschung. Es ist erstaunlich, wie gut eine Dose Thunfisch und ein Stück Brot schmecken können.

Vor *Villanueva de Campeán* steht die Ruine des im 13. Jahrhundert gegründeten Franziskanerklosters *El Soto*, das bis ins 18. Jahrhundert bestand. Bis hierher zähle ich die Etappe wieder zu meinen liebsten, aber die nächsten viereinhalb Stunden haben ihre Längen. Die Sonne steht im Zenit, das Land ist flacher, die Abwechslung durch Farben und Strukturen der Felder geringer. Ich schaue meinem Schatten auf dem Feldweg zu, denke an daheim und schreibe im Gehen ein paar SMS. So geht es stundenlang, wie mir scheint – tatsächlich sind es nun noch drei –, auf Zamora zu. Unterwegs habe ich an einem zornig bellenden Hund vorbeizugehen. Es geht gut. Schließlich sind links ein Gewerbepark und ein riesiges Gehöft zu durchqueren. Dann ist der Rand von *Zamora* erreicht.

Wenig später zeigt sich die Stadt von einer wunderschönen Seite: Die Altstadt mit der Kathedrale thront auf einem Felsen über dem Ufer des *Río Duero*.

Beide Seiten: Catedral (1151–1174, romanischer Baukörper mit gotischen Elementen)

ZAMORA

Zamora war als *Ocellum Durri*, Auge des Duero, eine wichtige römische Station an der *Ruta de la Plata*. Die Mauren nannten die Stadt *Samurah*, woraus das christliche Zamora wurde. Während der Reconquista war die Stadt heiß umkämpft, mal maurisch, mal christlich beherrscht, bis sie von Ferdinand I. 1060 endgültig eingenommen und mit Christen neu besiedelt wurde. Ihren Höhepunkt erreichte die Stadt im 12. und 13. Jahrhundert als Handelszentrum. Zamora war dafür bekannt, „gut befestigt" zu sein. Die dreifache *Stadtmauer* machte sie zu einem strategisch wichtigen Punkt am Duero. Der erste Mauerring ist der wichtigste. Ferdinand I. ließ die Anlage im 11. Jahrhundert an der Stelle der alten maurischen Festung errichten. Heute umringt er den Altstadtkern Zamoras U-förmig und hat mehrere Zugangstore. Das wichtigste ist die *Puerta de Olivares*, durch die man zur Kathedrale und zum Bischofspalast gelangt.

Die Altstadt auf dem Hügel oberhalb des Duero wird von ihrer *Kathedrale* gekrönt. Sie wurde in der Rekordzeit von nur 26 Jahren bis 1174 erbaut. Neben dem massigen, kubusförmigen Glockenturm fällt vor allem ihre Kuppel auf mit den grau-silbrigen Fischschuppen-Ziegeln. Ihr Stil ist sowohl vom christlich-orthodoxen Byzanz als auch vom Islam beeinflusst. Besondere kunsthistorische Höhepunkte sind auch das Portal der *Puerta del Obispo* mit seinem reichen romanischen Steinschmuck und im Kircheninneren das zweistöckige *Chorgestühl* – eine der kunstvollsten Schnitzarbeiten dieser Art Europas, die von mehreren unbekannten Meistern geschaffen wurde. Diese beinhalten auch sehr pikante Szenen: Auf der Unterseite der Klappsitze sind auf drastische Art und Weise Mönche und Nonnen bei sexuellen Handlungen dargestellt. Fotografieren ist im Innern der Kirche strikt untersagt.

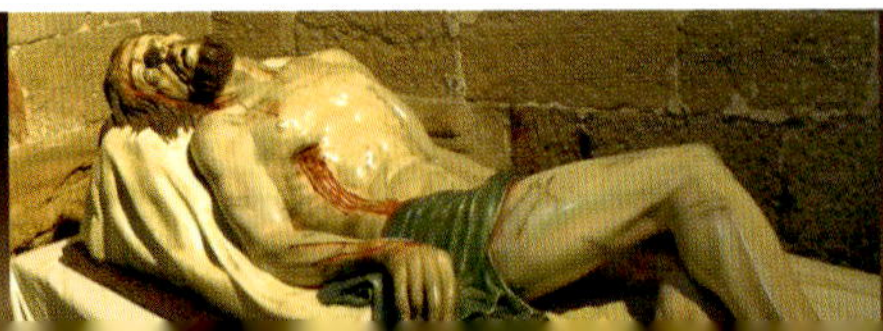

Im *Semana-Santa-Museum* (Fotos unten) bin ich die einzige Besucherin. Ein dunkler Saal empfängt mich, in dem die geschnitzten Figurengruppen der Osterprozessionen ausgestellt sind. Aus dem Dunkel treten – von Spots plötzlich hell bestrahlt – Szenen voll Verzückung, Andacht, Demut, Hingabe, Liebe, Güte, Trauer; voll Schmerz, Qual, Pflichteifer und Durchtriebenheit; voll Sensationslust, Hohn, Spott und Mordlust – und immer wieder Hände: flehende, tröstende, geißelnde, geschickt den Verurteilten ans Kreuz nagelnde Hände. Die meisten Figurengruppen entstanden im 17. Jahrhundert. Die meist übermannshohen, bemalten Holzfiguren zeigen alle Stationen der Passionsgeschichte und werden in der Karwoche von den Büßer-Bruderschaften durch die Straßen getragen. Zamora ist für seine düsteren Osterprozessionen berühmt und in der Karwoche ausgebucht.

Neben der Kathedrale steht die *Casa del Cid*. Sie ist eines der wenigen Beispiele ziviler romanischer Architektur und wurde von der Tochter Ferdinands I., der Waffenpatin des spanischen Nationalhelden El Cid, bewohnt, der hier ebenfalls logiert haben und in Zamora zum Ritter geschlagen worden sein soll. El Cid, der mit bürgerlichem Namen Rodrigo Díaz hieß, bot seine Dienste und Gefolgschaft sowohl Christen als auch Muslimen an. Zum Helden der Reconquista wurde der Abenteurer, als er die von den Mauren eingenommene Stadt Valencia erfolgreich belagerte. Damit hatte er den Höhepunkt seiner Macht und seines Ansehens erreicht. Schon im 12. Jahrhundert wurden die legendären Ruhmestaten des romantisch idealisierten Helden im Epos „Poema del Mio Cid" besungen, das zum bekanntesten literarischen Werk des spanischen Mittelalters wurde. Sogar die Unterhaltungsindustrie des 20. Jahrhunderts erkannte in seinen legendären Abenteuern kassenfüllendes Potenzial: Der Kinofilm „El Cid" aus dem Jahr 1961 mit Charlton Heston und Sophia Loren in den Hauptrollen inszenierte den Stoff anhand spannungsreicher Schlachten und Turnierszenen, die an spanischen Originalschauplätzen gedreht wurden.

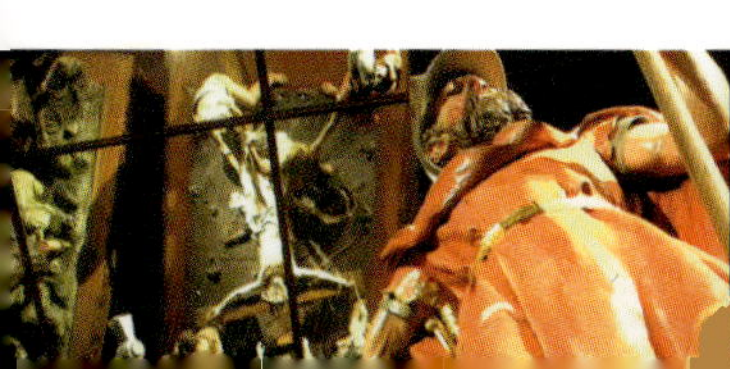

Iglesia de San Claudio de Olivares (12. Jh.) | Iglesia de la Magdalena (12.–13. Jh.)

Bei wechselnden Lichtstimmungen spaziere ich morgens dem breiten, unregulierten *Río Duero* entlang. Störche, Wildenten und Reiher sind auf Nahrungssuche. Unter der Brücke *Tres Arboles* mit den vielen Graffitis sitzen junge Liebespaare, alte Männer spielen im Park *Peonza* – ein Wurfspiel ähnlich dem französischen Petanque bzw. Boule –, Ruderer paddeln elegant im Fluss, Fischer angeln am Ufer. Der Duero bietet viel Lebensqualität! Dabei war er immer auch Grenze: Zur Zeit der Reconquista grenzte er 200 Jahre lang Kastilien und Aragonien wie ein endloser Wassergraben vom islamischen Süden ab. Heute scheidet er das nördliche raue Brotland, die *Tierra del Pan*, vom Weinland, der *Tierra del Vino*, im milderen Süden Kastiliens. Aber er durchfließt auch mehrere Weinanbaugebiete – das bekannteste in Spanien ist *Ribera del Duero*. Mit Überschreiten der portugiesischen Grenze wird der Fluss zum *Douro*.

Auf der Höhe des Stadtzentrums von Zamora überquert den Fluss eine 16-bogige romanische Steinbrücke, die *Puente de Piedra*, aus dem 12. Jahrhundert mit 300 Metern Länge. Ein würdiges Entree zu diesem „lebenden Museum der Romanik", als das Zamora mit seinen 22 romanischen Kirchen bezeichnet wird. Sie spiegeln das Kirchenbaufieber im 12. und 13. Jahrhundert sowie die tiefe Religiosität der Einwohner wider.

„Alle paar Schritte" stehe ich auf meinem Gang durch die Altstadt vor einer der niederen, in die Erde geduckten *Kirchenbauten*. Mit ihren dicken Steinmauern aus hellem Sandstein wirken sie weitaus offener, freundlicher und vielleicht weniger mystisch als etwa romanische Kirchen in der Bretagne. Das Innere der meisten Kirchen wurde barockisiert, daher ist die schlichte Innenausstattung romanischer Kirchen mit Holzdecken und -bänken und den schmalen Steinfenstern in abgerundeten Fensternischen nur selten erhalten. Die wenigen Ausnahmen sind die

Iglesia de la Magdalena: Innenraum | *Romanischer Steinsarkophag – Grab einer unbekannten Dame*

Iglesia de San Claudio de Olivares (12. Jh.) mit ihren auffallenden Kapitellskulpturen, die *Iglesia de San Cipriano* (11./12. Jh.) und vor allem die *Iglesia de la Magdalena* aus dem letzten Drittel des 12. Jahrhunderts, die „in ihren Proportionen und mit ihrem charakteristischen Ornamentschmuck (Südportal) den romanischen Stil Zamoras am reinsten verkörpert" (Burmeister, Zentralspanien, 312). Das Kircheninnere ist auffallend hoch und hell. Darin befindet sich ein einzigartiger romanischer Steinsarkophag, in dem eine unbekannte Dame bestattet ist.

Ein zweckdienlicher Hinweis an den Reisenden: Von 13 bis 17 Uhr und montags sind die Kirchen Zamoras geschlossen. Fotografieren ist in den meisten Kirchen strikt untersagt.

Abends flaniere ich von der Kathedrale durch die *Rúa del los Francos*, vorbei an der *Iglesia de la Magdalena*, Richtung Stadtzentrum. Zamora wirkt wohlhabend und gepflegt. Die Stadtverwaltung ist um die Pflege des historischen Erbes eifrig bemüht. Die Art, wie hier in modernem Stil gebaut oder historische Bauwerke durch zeitgenössische Zubauten ergänzt werden, fällt mir immer wieder positiv auf. Das im 14. bis zum 16. Jahrhundert erbaute *Convento de San Francisco* am Südufer des Duero bekam einen quaderförmigen Zubau, dessen Fassade mit rostigen Eisenfronten und großzügigen Fenstern versehen wurde; das *Ethnographische Museum* an der *Plaza Viriato* ist ein sehr schlichter, eleganter Bau aus hellem Sandstein und Metall, dessen einzige Zierde eine Schriftzeile aus geradlinigen Alu-Buchstaben ist. Und es wird laufend weiter renoviert. Einige Kirchen sind daher nicht besuchbar, auch nicht das *Castillo*, die Burg, neben der Kathedrale. Sie wird derzeit um sechs Millionen Euro restauriert. In der Nähe der Kathedrale stehen aber auch einige abbruchreife Häuser. Durch die witzig-skurrilen Spuren der Sprayer haben auch sie nichts Tristes für mich (siehe Fotos Seite 88).

Calle de Balborraz

An der *Plaza Viriato* bilden die Äste der getrimmten Platanen im Sommer ein Schatten spendendes Dach. Gegenüber ist der *Palacio de los Condes de Alba de Aliste*, ein riesiger Renaissancepalast mit schönem Innenhof. Heute beherbergt er eines der elegantesten, Paradores genannten Luxushotels Spaniens. An der *Plaza Mayor* ist die Guardia Civil in einem schönen Palast untergebracht. Dort bekomme ich meinen Stempel ins Credencial. Die romanische *Iglesia San Juan de Puerta Nueva* gegenüber flankieren schwarze, düster wirkende Nazarenos aus Gusseisen. Damit kontrastieren die vielen Lokale und Cafés am Platz und die schmalen, hohen Häuser in der steilen *Calle de Balborraz*, die mit ihren verglasten Holzveranden, bunten Fassaden, Türen und Fenstern einen heiteren Anblick bieten. Die *Calle de Santa Clara* und die *Calle San Torcuato* sind zwei Einkaufszentren, in denen sich bunte Boutiquen, Delikatessenläden und elegante Geschäfte aneinanderreihen. Zamoras Charme wird besonders von zwei sehr gegensätzlichen architektonischen Faktoren geprägt: den romanischen Kirchen und seinen detailreichen Jugendstilhäusern, die besonders schön an der *Plaza Zorrilla* zu sehen sind.

Inzwischen überziehen den Abendhimmel dunkelgraue Gewitterwolken. Das einzige Licht über den dunklen Gassen fällt auf ein Storchennest am Kirchturm. Pfirsichfarbenes Licht fällt auf den weißen Vogel, der auf einem Bein in seinem Nest steht. Für eine kurze Zeit leuchtet genau hinter seinem Zuhause das Lichtbündel eines Regenbogens. Als die Sonne weg ist, intensiviert sich sein Rot, Orange, Gelb, Grün, Blau, Indigo und Violett und eine

Jugendstilhäuser im Stadtzentrum

hellrosa Wolke segelt über die Gasse. Dann verblasst das Farbenspiel und die Nacht gewinnt. Nun lockt anderes: Dudelsackmusik klingt durch die Gassen und zieht auch mich dahin, woher sie kommt: in eine leere Halle, in der sich eine Truppe von Dudelsackspielern zum Üben getroffen hat (Fotos unten). Sie sind Schüler der örtlichen Musikschule, alle, bis auf einen, Senioren und sehr temperamentvoll! In der Pause spricht mich einer von ihnen an. Als junger Mann hat er in Bregenz gearbeitet, aber deutsch spricht er, als wäre es erst gestern gewesen.

Nahe der *Iglesia des San Claudio de Olivares* finde ich am Duero-Ufer eine kleine Kneipe – Bier und Tapas sind nun hochwillkommen! Ich mag das Lokal sofort. Das spanische Flair kommt hier nicht von der Ausstattung, hier hängen keine Schinken von der Decke oder dergleichen mehr, es sind die Gäste, weswegen ich mich hier so wohl fühle: In der Bar – und sie ist voll – kennt jeder jeden, alle reden, lebhaft, gestenreich und es wird viel gelacht. Es ist alles da: Rentner, junge und ältere Frauen samt Kindern, junge Männer, reifere Paare. Die Kinder spielen und zeichnen auf einem niedrigen Extratisch, die Männer schauen manchmal auf den Fernseher, wo ein Stierkampf übertragen wird, ein junger Mann zeigt jedem im Lokal stolz A4-Prints von Fotos seiner Hochzeitsreise. Am Boden liegen die Schalen von Sonnenblumenkernen, die zum Drink genascht wurden. Dieses ungezwungene, heitere Zusammensein ist für mich schöner Abschluss des Besuchs in Zamora.

Skulptur „El Zangarrón“ von Ricardo Abaricio Gago (2002) in Montmarta

ZAMORA – RIEGO DEL CAMINO

26. ETAPPE

Ein wolkenloser Morgen am Río Duero! Mit einem heftigen Glücksgefühl schlendere ich durch das feiertäglich erst erwachende Zamora. Mein Mobiltelefon piepst fortwährend – ein SMS von Christian nach dem anderen langt ein. Nach der Fußgängerzone verirre ich mich. Ein älterer Herr erklärt mir den Weg haarklein, dann begleitet er mich sogar ein Stück. Am Ende verabschieden wir uns lachend, einander auf die Schultern klopfend. In einer kleinen Bar ganz draußen an der *Avenida Galicia* spielt ein Mann auf dem Dudelsack. Ein anderer singt dazu. Die Musik, immer leiser werdend, begleitet mich aus der Stadt und erinnert mich auch daran, wie viel weiter nördlich ich schon gelangt bin. In einer Bäckerei drückt mir die Verkäuferin ein zweites Vanilletäschchen gratis in die Hand. Frühstückend wandere ich am Rand der N 630 durch die übliche Peripherie-Szenerie.

In *Roales del Pan* bevölkern bis zu zwei Meter hohe bemalte Figuren – eine Nixe, zwei Jakobspilger, Bibelszenen, ein Pfau, ein dreiköpfiger Zerberus – einen Garten. In einer verlassenen Koppel am Feldweg nach dem Ort stehen zwanzig Badewannen. Im langgestreckten Ort *Montmarta* wurde einer Karnevalsfigur, *„El Zangarrón“*, ein gusseisernes Denkmal gesetzt. Diese vogelscheuchenartige Figur verprügelt im Karneval die Dorfjugend – das ist nur ein Beispiel für die teilweise sehr rüden Karnevalsbräuche des ländlichen Kastilien. Seit Roales del Pan habe ich die *Tierra del Pan*, das Brotland, betreten und mit ihm eine baumlose Szenerie, in der meist ein schnurgerader Feldweg durch ein zweigeteiltes Bild führt: oben das Blau des Himmels, unten das Braun oder Grün der Felder. Tagelang durch solche monotone Weiten wandernd, wundert mich die spanische Vorliebe für das Skurrile nicht und nicht, dass der Surrealismus aus Spanien kommt. Mir scheint, dass die spanischen Landschaften – ihre „nie endenden“, einsamen Flächen unter flirrender Hitze oder beißender Kälte – Eindrücke und Emotionen intensivieren und dass sich diese intensiveren Empfindungen in der bildnerischen und cineastischen Kunst auf beredte Weise ausdrücken – das real Wahrnehmbare „surreal“ steigernd.

Hier ist das Land wie rostiges Eisen: das Innere Spaniens! Schon vor 20 Jahren habe ich mich danach gesehnt. Ich schließe mich Nootebooms Eindruck an: „Man kann von diesen Landschaften nicht in einem fort sagen, sie seien leer, auch wenn es so ist. (...) es hört nie auf, mich zu treffen. Das wäre schlecht ausgedrückt, wenn es nicht genau das wäre, was ich ausdrücken will: Er trifft mich, wie ein Schlag oder ein Schuss. Nicht den ganzen Tag

Burgruine Castrotorafe (15. Jh.) am Stausee Embalse de Ricobayo

über, aber immer wieder. PENG, und schon empfindet man es erneut, dieses Fehlen von Menschen angefertigter Gegenstände, das Nichtvorhandensein von Bewegung. Es ist, als könne diese Weite sich nur durch etwas ausdrücken, das die gleiche Maßlosigkeit kennt, Zeit. Damit gerät man in die Nähe von ‚Und ewig singen die Wälder', aber so ist es nun einmal, diese Landschaften vermitteln einem ein Gefühl der Ewigkeit, sich in ihnen aufhalten bedeutet, schon lange existiert zu haben, für immer so weiterfahren zu müssen" (Nooteboom, 68). Es ist ein Aufgehobensein in der Zeitlosigkeit, ein Sich-Verbinden mit etwas „Ewigem" und mit etwas Stillem – der einzige Begleiter heute ist der Wind.

Eine Unterbrechung des blau-braunen Bildes ist die Uferlandschaft des *Embalse de Ricobayo* mit ihren wundervoll bunten Felsen in Kalkweiß, Senfgelb, Orange, Lila und Weinrot. Darüber steht ein verlassenes Renaissance-Kloster, die *Ermita de la Virgen del Castillo*. Draußen spiegelt der See den Himmel, der in einem unbeschreiblichen Blau leuchtet – eine aus sich heraus strahlende Kuppel.

Am Seeufer entlangwandernd, kommt man schließlich zur Festung *Castrotorafe* auf einer den See überblickenden Kuppe. Die riesige Burg aus dem 12. Jahrhundert war im Mittelalter der wichtigste Sitz des Santiago-Ordens im Königreich León. Innerhalb ihrer zwei Mauerringe lebten mehrere Tausend Menschen. Von Alfonso VII. 1129 mit besonderen Privilegien versehen, wurde die Siedlung zu einer der bedeutendsten Städte der Gegend. Wichtig war sie auch wegen ihrer Nähe zu einer Brücke über den *Río Esla* an der Straße nach Galicien. Als die Brücke zerstört wurde, verlor die Festung ihre Bedeutung und wurde im 18. Jahrhundert aufgegeben. Ich wandere in der Abendsonne zwischen ihren Mauern umher und schaue vom vorgelagerten Felsen auf den aufgestauten Río Esla.

Nun geht es durch „Blau-Braun" bis *Riego del Camino* – ein Bauernort wie die meisten mit Zweckbauten und Häusern aus Beton oder Ziegeln, mit Türen, Toren und Fenstern aus Plastik oder Metall und Mönch-und-Nonne-Dächern mit Antennen. Blumentöpfe sind das einzige „Nette". Für die heutigen sieben Gehstunden habe ich zehn gebraucht und bin müde. Nachts ist es kalt und der Sternenhimmel so prächtig wie sonst nur in der Wüste.

Ruine des Zisterzienserklosters Monasterio de Santa María de Moreruela (11./17. Jh.)

RIEGO DEL CAMINO – FARAMONTANOS DE TÁBARA – SANTA CROYA DE TERA

27.
28.
ETAPPE

Morgens geht es zunächst weiter durch „Blau-Braun" bis *Granja de Moreruela*. Hier endet die Tierra del Pan und hier ist die Abzweigung nach Astorga. Aber für mich war längst klar: Ich gehe den *Camino Sanabrés* über Ourense.

Aber zuvor besuche ich noch die drei Kilometer entfernte Ruine des *Monasterio de Santa María de Moreruela*, des Klosters von Moreruela. Im 11. Jahrhundert von französischen Mönchen gegründet, war es das erste Zisterzienserkloster Spaniens. Rund um Klöster entstanden immer Orte und Höfe – so auch *Granja* (Bauernhof) de Moreruela. Die Gebäude wurden großteils im 17. Jahrhundert erbaut, verfielen aber nach Auflösung der Klöster im 19. Jahrhundert. Inzwischen wurden sie beträchtlich renoviert. Mir gefällt die riesige Kirchenruine ganz besonders gut – gerade weil sich durch ihren Verfall Innen und Außen, Kunst und Natur vereint: Statt eines Daches krönt der Himmel das Bauwerk, statt eines Fußbodens wächst Gras, Tageslicht flutet ungehindert durch die Öffnungen, statt Putz oder Fresken zieren die Wände die Farben des Sandsteins. An den Säulen des imposanten Kirchenschiffs haben Steinmetze vor Jahrhunderten ihre Monogramme hinterlassen – mir ist das wie ein Handschlag aus längst vergangener Zeit. Auf Mauern und Türmen haben viele Störche ihre Nester eingerichtet – die feuchten Auen des Ríos Esla müssen ein Futterparadies für sie sein. Die Sonne verleiht den gelben Sandsteinwänden einen goldenen Ton.

Zwei Stunden nach Granja de Moreruela folgt das wunderbare Gebiet um den aufgestauten *Río Esla*. Die Felsen rechts der Straße haben spektakuläre Farben und brechen scharfkantig in sich fächernde, dünne Platten, als sei der Fels ein altes, illustriertes Buch. Auch die achtbogige Puente Quintos über den Fluss ist aus diesem bunten Stein. Gleich danach beginnt eine der schönsten Passagen der Vía überhaupt: Ein Pfad führt über Felsen und Wiesen dem Seeufer entlang. Wilde Pfingstrosen säumen den Weg. Dann geht es steil bergauf. Aber schon bald bin ich oben und raste erst mal mit Blick auf den See, die Felsen und die friedliche, von den Eichen grün getupfte Ebene. Es ist einsam hier und nur ein einziger Markierungspfeil zu sehen. Einige kleine Steinmänner weisen den Weg. Über eine Hochebene geht es weiter durch Eichen und Buschwerk. Die Erde leuchtet orangefarben, es ist sehr heiß und windstill. Nur gelegentliches Bienengebrumm ist zu hören, sonst nichts. Ich fühle mich sehr weit weg von allem. Am Hügelkamm steht ein weißes Windrad neben dem anderen. Der Himmel scheint sich wieder wie eine gigantische blaustrahlende Kuppel über das Land zu wölben. Mein heutiges Etappenziel *Faramontanos de*

Puente Quintos, achtbogige Steinbrücke über den Río Esla

Tábara liegt in einem Talkessel. In dem ländlichen Ort fallen die kleinen, aus bunten Steinen in die Erde gebauten *Bodegas*, Weinkeller, auf und viele, häufig noch heute bewohnte Adobe-Häuser. Ihre gelben und orangenfarbigen Ziegel wurden aus Lehm und Stroh geformt und von der Sonne gebrannt. Solche Häuser bemerke ich schon seit *Riego del Camino*. Sie werden mich durch das ganze Tal des *Río Tera* begleiten.

Am Morgen übersehe ich bald nach dem Ort einen Hinweis und gehe daher auf der Landstraße nach *Tábara*. Die im 12. Jahrhundert erbaute *Iglesia de Santa María de Tábara* am Ortsrand steht auf den Ruinen des *Monasterio San Salvador* (9. Jh.), das mit bis zu 600 Nonnen und Mönchen eines der wichtigsten religiösen Zentren der Region war. Hier wurde 970 die wertvolle, reich illustrierte Handschrift „Beato de Tábara“ verfasst. Um 1000 wurde das Kloster vom maurischen Herrscher Al Mansur (Almansor) zerstört.

Nun führt ein rötlicher Erdweg durch flache Felder unter Hochspannungsleitungen. Ich verirre mich zum zweiten Mal heute. Schließlich finde ich doch einen gelben Pfeil, und ab da ist die Wegfindung leicht. Der Hügel neben dem Pass leuchtet ganz und gar pink – überwuchert von Erika. Ich steige hinauf und genieße rastend den schönen Ausblick. Auf einem Feldweg durch Thymian, Zistrosen und mit zotteligen Flechten bewachsene Eichen geht es weiter. Im folgenden Ort, *Berciano*, fühle ich mich wie im Film „High Noon“ – er hat etwas von einer ausgestorbenen Westernstadt. Dann ist die erste von vielen Pappelpflanzungen da: Viele Reihen von Bäumen, jeder gleich weit entfernt vom nächsten, soldatisch, unnatürlich. An kleinen in den Lehm gegrabenen Bodegas vorbei geht es bergauf. Ich bin froh, dass Pilger vor mir Pfeile in den Sand gezeichnet haben. Zwar sind die angebrachten gelben Pfeile meist verlässliche Wegweiser, sonst hilft der empfehlenswerte Rother-Wanderführer von Cordula Rabe, aber manchmal, wenn die Wegführung geändert oder nach Straßenarbeiten nicht erneuert wurde, brauchen wir Pilger Intuition oder den Adlerblick fährtenlesender Indianer auf der Suche nach Hinweisen und Fußspuren unserer VorgängerInnen. Während der Reise entwickelt sich beides.

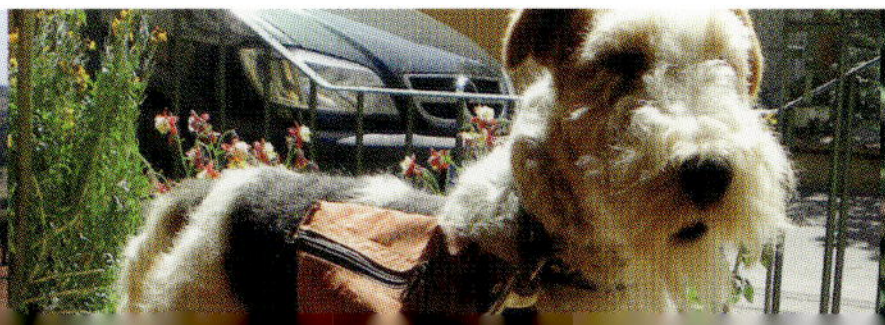

Jakobsstatue an der Iglesia Santa Marta de Tera (11. Jh.) in Santa Marta de Tera

SANTA CROYA DE TERA – CALZADILLA DE TERA

29. ETAPPE

Der Pilgerhund Rin Tin Tin heißt tatsächlich Dusty. Das erfuhr ich gestern von seinem Herrn, einem Spanier. Die beiden sind in Alméria aufgebrochen und haben bisher 1200 Kilometer hinter sich. Nur ein Mal hatte der Hund einen Hitzestau, sonst geht es ihm gut. Er schlief auf einer Matte in der Garage der *Casa Anita* in *Santa Croya de Tera*. Ich habe diese Herberge, vom (deutsch sprechenden) Domingo und seiner Frau Anita sehr familiär geführt, genossen. Das Gästebuch erzählt von Fürsorge, Geselligkeit und gutem Essen. Tatsächlich schmeckte Anitas Pilgermenü lecker. Es gab Makkaroni, Seehecht, Lamm oder Huhn mit Salat, dazu Domingos eigenen Wein und eine Orange oder Joghurt als Dessert. Es war ein netter Abend mit Dieter, Hermann und Axel, drei deutsche Pilger um die sechzig, und Dustys Herrn. Einer von ihnen bot mir Oropax an – „sicherheitshalber". Dann erzählten sie mir von einem Pilger, über dessen Schnarchattacken ich inzwischen schon auf Deutsch, Französisch, Spanisch und Englisch gehört habe. Er ist „berühmt" auf dem Camino.

Die Dokumentation des Weges bringt für mich oft sehr lange Tage mit sich. Um einmal mehr Zeit zu haben, entschließe ich mich heute zu einer kurzen Etappe nur bis *Calzadilla de Tera*.

Wenig später stehe ich auf der Brücke über den *Río Tera*, dem ich flussaufwärts bis *Olleros de Tera* folgen werde. Jenseits der Brücke liegt schon der Ort *Santa Marta de Tera*. Dessen Pfarrkirche hat ihren fast reinen romanischen Stil bewahrt. Im Mittelalter, als hier ein wahrer Pilgerstrom unterwegs war, diente sie auch als Kloster und Herberge. Die *Jakobsstatue* auf ihrem rückseitigen Portal soll die älteste erhaltene Steinskulptur Jakobs sein. Sie zeigt den Heiligen als Pilger mit Muschel, Stab und Hut. Leider ist die Kirche von Januar bis Mai geschlossen. Nun führt ein Feldweg durch endlose Pappelplantagen am *Río Tera*. Ich raste an seinem Ufer. Eine Forelle schwimmt im dunkelblauen Wasser. Manchmal knallt ein Schuss, irgendwo sind Jäger unterwegs. Durch die Pappelalleen fällt das Licht in breiten Blöcken. Eine französische Pilgerin schenkt mir ein strahlendes Lächeln. Nach der Brücke beim *Grillplatz La Barca* biege ich in einen kaum erkennbaren Waldpfad. Hier ist das Unterholz und die Brombeersträucher unter den Pappeln dichter, das Gras höher. Später erfahre ich von anderen Pilgern, dass der Wegverlauf geändert wurde und jetzt – viel hübscher – weiter an der Tera entlangführt. Mich führt ein

Manuel Gallardo | Bodegas, Weinkeller, am Ortsrand von Calzadilla de Tera

MAN SIEHT NUR MIT DEM HERZEN GUT. Antoine de Saint-Exupéry

breiterer Weg zur Landstraße, auf der ich nach einer viertel Stunde *Calzadilla de Tera* erreiche. Am Ortsrand sind von den zehn in den Lehm gegrabenen Bodegas sieben noch intakt. Auch in diesem Ort leuchten die Wände der Adobe-Häuser gelborange in der Sonne.

Wichtiger als die Landschaft ist mir heute, dass ich Manuel Gallardo kennengelernt habe. Als ich des Weges kam, hatte er eben eineinhalb Stunden mit einem Bauern geplaudert, den Rucksack auf seinen Stock gestützt. Der erzählte ihm, dass er gestern seine Farm verkaufen musste. Er und seine vier erwachsenen Söhne lebten in einem Haushalt, nur einer von ihnen bekäme Arbeitslosenunterstützung. Er selbst sei zu jung für die Pensionsberechtigung und diese wurde trotz 35 Beitragsjahren sehr gekürzt, andererseits fände er als 52-Jähriger keine Arbeit mehr. Zum Abschied umarmten die beiden einander und wünschten sich gegenseitig „Suerte", Glück. Nun geht Manuel mit mir weiter, und wir sind sofort in einem tausendfältigen heiteren Gespräch auf „Spanenglisch". Manuel ist besonders offen und herzlich, aber er liebt auch Ruhe und Einsamkeit – deswegen hat auch er die Vía de la Plata dem belebteren Camino Francés vorgezogen. Etwa dreißig Jahre alt, hat er seine Stelle als Bibliothekar in Murcia aufgegeben und wird nach der Vía woanders einen neuen Weg einschlagen. Von der Unsicherheit seiner Lage scheint er gänzlich unbeeindruckt. Und er beschwert sich nie über etwas, auch nicht über seinen riesigen, schweren Rucksack. Wie schwer er wirklich ist, weiß er gar nicht. Ich schätze ihn auf 20 Kilo. Manuel hat alles mit, Zelt, Kocher, Geschirr, Schlafsack etc., weil er lieber an Seen oder Flüssen kampiert, als zu acht in Herbergszimmern zu nächtigen. Trotz dieser großen Last schlägt er ein flottes Tempo ein! Allerdings bleiben wir alle paar Meter stehen, weil er, um seine Erzählungen zu untermauern, kleine Skizzen in den Sand zeichnet mit dem Wanderstock, den ihm sein Onkel mithilfe von Wasser und Feuer gebogen hat. Unterwegs zieht Manuel die *Peticiónes*, Bittschriften, aus seiner Tasche, die er auf Wunsch von Familie, Freunden und Bekannten nach Santiago trägt. Darunter ist die, die ihm der Bauer eben gab, und ein Prospekt der Bäckerei an der Puerto de Béjar. Deren Chefin hat lauter Behinderte beschäftigt und sorgt sich um den Erhalt ihrer Arbeitsplätze. Für sie soll Manuel in Santiago beten. Wir verabschieden uns lachend – das erste von mehreren Malen im Laufe der folgenden Etappen.

Roger Matthews | Embalse de Nuestra Señora de Agavanzal

CALZADILLA DE TERA – MOMBUEY

30.
ETAPPE

Wieder ist es warm und der Himmel strahlend blau. Von der verfallenen Kirche gleich rechts in *Calzadilla de Tera* führt der Weg am Ufer des Kanals entlang weiter. Es ist eine nette, etwa halbstündige Wanderung längs des dunkelblauen Wassers, zwischen Ginster und Brombeerhecken, mit Blick auf Taubenhäuschen aus Adobe und einem nahen Erosionsgebiet. Ein Kuckuck ruft. Am Ortsrand von *Olleros de Tera* begrüßen verfallene Häuser aus Stein und Adobe-Ziegeln. Im nahen *Otero de Bodas* zweige ich am Brunnen rechts ab. An den vier großen, freilaufenden Hunden beim großen Bauernhof gehe ich ruhig vorbei und habe Glück – in ihrer Schläfrigkeit besinnen sie sich auf die Verteidigung ihres Reviers erst, als ich schon vorbei bin. Nachfolgenden Pilgern geht es schlechter. Das aggressive Bellen der Hunde ist lange zu hören.

Der teilweise asphaltierte Weg führt erst durch Pappeln, dann sanft ansteigend zwischen Zistrosen, Eichen und Ginster, immer den Telefonmasten entlang, bis zum Stausee *Embalse de Nuestra Señora de Agavanzal*. Am anderen Ende der Staumauer folgt der inzwischen asphaltierte *Camino Agricola* dem Stausee. Das ist ein besonders hübscher Wegabschnitt mit Felsen am Ufer, sandigen Buchten zwischen Eichen und Büschen, knöchern weiß gebleichten Hölzern, deren Anordnung an die sie anspülenden Wellen erinnert, dem dunkelblauen Wasser, mal gekräuselt vom Wind, mal glatt wie ein Spiegel, und einem großen Salamander, der aus totengleicher Starre heraus wie ein neongrüner Blitz ins Gebüsch zischt. Das Wasser ist glasklar und kalt – ein Bad wäre eine Wonne, aber es ist verboten. Ich esse eine Kleinigkeit und genieße den Seeblick. Wenig später dreht der Weg ab vom Wasser.

Der kleine Ort *Villar de Farfón* markiert den Beginn der *Tierras de Sanabria*. Statt Adobe-Häusern gibt es ab nun Häuser aus Granit. Aber sie verfallen vielfach. Die Orte sterben aus. Oft sind nur mehr wenige alte Menschen in den Dörfern geblieben. Sie müssen „Leben" vermissen, Austausch, Familie; Kinder sieht man kaum. „Die Landflucht hat auch dieses Dorf erfasst" – diesen Fakt zu erleben, sei es auch nur im Vorübergehen, ist anders, als ihn bloß als Information zu lesen. Er stimmt mich immer wieder traurig. Aus dem Ort führt ein romantischer, steingesäumter Weg, der in eine weite steppenartige Landschaft leitet, die mit einem trockenen, silbrigen Gras bewachsen ist. Auf den um die 2000 Meter hohen Gipfeln der *Sierra de Cabrera* im Hintergrund liegt Schnee. Ihre Hänge dagegen sind pink übersät von blühender Erika. Dann folgen steppenartige Weiden und Hohlwege durch

Embalse de Nuestra Señora de Agavanzal

EIN JEGLICHES HAT SEINE ZEIT UND ALLES VORHABEN UNTER DEM HIMMEL HAT SEINE STUNDE. Koh 3,1

Eichen und Zistrosen im Wechsel aufeinander. Noch nie habe ich mehr Forellenfischer an einem Ort gesehen als in *Rionegro del Puente*. Baden ist leider auch am herrlichen *Río Negro* verboten. Die hiesige Kirche, *Santuario de Nuestra Señora de la Carbaleda*, ist der Schutzheiligen des Ortes, der „Eichen-Jungfrau", gewidmet. Sie soll im Mittelalter Pilgern auf wundersame Weise über den reißenden Fluss geholfen haben. Hier wurde im 13. Jahrhundert die älteste Bruderschaft Spaniens gegründet, die *Cofradía de los Falifos*, die sich der Pilger und Bedürftigen annahm. Heute betreut sie das sanierte Pilgerhospiz. Aus diesem Ort stammte übrigens auch Diego de Losado, der im 16. Jahrhundert Caracas, die Hauptstadt von Venezuela, gegründet hat. Ich spaziere über den Hauptplatz, aus dem Lokal hinter der Kirche dringen Stimmen – selbst wenn zur Siesta die Orte wie ausgestorben scheinen, zeugen Bars von sehr lebhaften „Überlebenden".

Nach dem Pilgerhospiz führt der Weg rechts hinein in eine weite Weide, effektvoll begrenzt von den Schneegipfeln am Horizont. Hier unten aber ist es heiß und windstill. Ich setze mich hin und lausche dem Abend. Da geht ein sehr alter Pilger vorbei. Er wandert ohne jedes Gepäck, singend und pfeifend. Das gefällt mir.

In Mombuey beschert mir die Straße die nette Begegnung mit Roger Matthews, einem Radpilger aus Cornwall. Mit seiner höflichen und humorvollen Art ist er mir sofort äußerst sympathisch. Roger fährt lieber langsam und wählt kürzere Etappen als die meisten. Er liebt die Einfachheit und Zeitlosigkeit seines Reisens. Ich erzähle, dass mich das Gehen so sehr mit dem Land, dem Boden, der Erde verbindet. Das trifft offenbar seine eigenen Gedanken, denn er meint, er erwäge, sich noch ein Mal auf diesen Weg zu machen – zu Fuß. Neben dem Wie des Weges beschäftigt ihn offenbar auch das Warum, und diese Frage scheint erst am Weg selbst aufgetaucht zu sein. Auch er hat die Vía de la Plata gewählt, um allzu viele Menschen, Stress bei der Herbergssuche etc. zu vermeiden. Hier freut er sich über die Ruhe und kann sich doch täglich mit jemandem austauschen. Übrigens hat er Manuel in einer Herberge getroffen. Der Engländer und der Spanier sind in eine Bar gegangen, um Chelsea und Barcelona bei der Champions League gegeneinander spielen zu sehen. Es ist 0 : 0 ausgegangen. Aber Chelsea hätte eigentlich gewinnen müssen, fügt er schelmisch hinzu. Ich verabschiede mich von jemand besonders Netten.

Nuestra Señora de la Asunción (13. Jh.) | Glockenturm mit Stierkopf (12./13. Jh.)

MOMBUEY – PUEBLA DE SANABRIA

31.
ETAPPE

Mombuey erschien mir zunächst als zweckorientierter Ort, der vom Durchzugsverkehr lebt, aber sein Ortskern ist nett! Dort ist die Pilgerherberge in einem kleinen Steinhaus untergebracht. Öffnet man die Holztür, steht man vor den Stockbetten und dem langen Tisch. Ein paar Schritte weiter ist die Pfarrkirche *Nuestra Señora de la Asunción*. Ihr Turm zeigt „wie eine Rakete" (Rabe,135) in den Himmel. Die Templer haben ihn im 12. und 13. Jahrhundert erbaut und auch als Wachtturm genutzt. Der Stierkopf darauf spielt auf den Namen Mombueys an, der sich vom lateinischen *Monte ad Boviam*, Stierhügel, ableitet.

Ich habe heute eine achtstündige, ansteigende Etappe vor mir, auf über 1000 Meter hinauf, aber sie ist abwechslungsreich. Am Morgen sind Licht und Luft wie ein klarer Kristall. Der junge, prickelnd frische Tag erinnert mehr als andere, dass ALLES an ihm möglich ist. Unzählige Vogelstimmen klingen hell durch die Luft, mein Mobiltelefon überträgt piepsend 15 SMS und ausgerechnet heute lautet meine Pilgerpost: In sieben Sprachen schweigen.

Nach einem Wald mit flechtenbewachsenen Eichen wiederholt sich der gestrige Wechsel von Hohlwegen durch Zistrosen, Ginster und Eichen und weiten Steppen. Dazwischen liegen Granitfindlinge und zuckerweiße Quarze. Heute sind weitaus mehr Pilger unterwegs, als manche durchwanderte Orte Einwohner haben: In *Valdemerilla* leben neun Menschen. Die Häuser haben nette, weiße Stuckverzierungen. In *Cernadilla* und *Asturianos* habe ich den Eindruck, einen Besuch im Mittelalter zu machen. Nach Cernadilla ist eine Senke ab- und gegenüber hinanzusteigen. Es ist sehr heiß und windstill. Könnte man doch das ersehnte „Lüfterl" in solchen Fällen aus der Hosentasche ziehen und wehen lassen! Der Stausee verbirgt sich, dafür gefallen mir die Steine am Wegrand und das schöne felsige Entree zum Ort *Entrepeñas*. Vor *Asturianos* grasen freilaufende Pferde, und auf dem Kirchturm hausen die ersten Störche seit Langem. Alle Leute sagen „Mucho calor!" zu mir – ja, es ist heiß – zum Glück! Sumpfige Farnwiesen, die sonst hier auf mich warteten, mühsame Bachüberquerungen, tagelange Regenfälle oder sogar Schnee bleiben mir erspart. Stattdessen ist der Himmel eine wolkenlose, blaue Kuppel – einen Tag nach dem anderen! Das ersehnte Eis bleibt mir verwehrt, aber die freundlichen Worte der Passanten tun wohl. Ich genieße die schöne Strecke durch weißen Ginster und rosa Heidekraut bis zum von der Siesta leer gefegten *Palacios de Sanabria*.

Tafel der von Ramos Castro gegründeten Jakobsweg-Gesellschaft in Remesal mit Illustration des königlichen Treffens | Traditioneller Maueraufbau in bäuerlichen Orten

Dort Richtung *Rosinos* gehend, zweigt der Weg bald in den Wald mit sommergrünen Stieleichen ab. Noch sind sie kahl und der Waldboden bedeckt von einem Teppich ihrer weichen, braunen Blätter. Durch das dichte, flechtenbewachsene Geäst zeichnet die Sonne ein Schattengeflecht. Ich komme zum winzigen Bauernort *Remesal*. Hier hat sich ein entscheidender Wendepunkt der spanischen Geschichte ereignet: Durch die Verheiratung Johannas der Wahnsinnigen, der Tochter der Katholischen Könige, mit dem Habsburger Philipp dem Schönen wurden zwei Riesenreiche vereinigt, und die Habsburger betraten für 200 Jahre die Bühne der spanischen Geschichte. Nach dem Tod von Isabella I. im Jahr 1505 wurde Johanna Thronfolgerin, es kam aber zwischen Johannas Vater und ihrem Gemahl Philipp zu erbitterten Kronstreitigkeiten, während der Johanna als mal mehr, mal weniger „verrückt" bezeichnet wurde, je nachdem, was gerade opportun erschien. 1506 trafen Ferdinand und Philipp einander in der kleinen Kapelle von Remesal, um die Regentschaft Kastiliens zu regeln. Die Krone wurde Philipp zugesprochen. Allerdings verstarb der 28-Jährige wenige Monate später in Burgos am „Fieber".

Ich war gespannt gewesen auf diesen Ort des königlichen Stelldicheins und dann amüsiert: Die Kapelle ist ein winziger, sehr schlichter Steinbau, auf der nicht eine Tafel auf das Geschehen hinweist (sondern nur die von Ramos Castro aufgestellte Infotafel zum Weg am Ortsanfang)! Weil ich das Kirchlein besuchen möchte, spreche ich die nächste Passantin an. Es ist zufällig die, die den Schlüssel verwaltet, und fünf Minuten später zeigt sie mir den Raum. Sie erzählt: „Wir Dorfbewohner haben die verfallene Kapelle selber renoviert. Der Pfarrer hat sich nicht bemüht. Jetzt wird nur sonntags noch die Messe gelesen. Es ziehen ja auch alle weg oder sterben. Seit drei Jahren ist kein Schnee gefallen, die Erde ist völlig trocken. Von ihr zu leben, ist ein hartes Leben. Für dich ist die Sonne gut, aber das Land braucht Regen!" Bei der Kreuzung legt sie mir den Arm auf die Schulter und verabschiedet sich feierlich: „Hier trennen sich unsere Wege. Deiner ist nicht meiner. Alles Gute. Buen camino!" Alle Leute grüßen und sagen ein paar nette Worte oder weisen den Weg – eine Freundlichkeit, die einem besonders in diesen nördlichen Bauernorten immer wieder begegnet.

Ab *Otero de Sanabria* ist es schlagartig aus mit den Bäumen: Ein dichter Teppich von gelbem und weißem Ginster, rosa Erika, Zistrosen und Thymian breitet sich aus bis zu den Hängen der *Sierra de la Cabrera*.

Castillo Condes de Benavente (15. Jh.) | *Ermita de San Cayetano (18. Jh.), dahinter das Castillo*

PUEBLA DE SANABRIA

Die wuchtige Wehrburg am höchsten Punkt von *Puebla de Sanabrias* altem Ortsteil ist ein imposanter, abweisender und düsterer Bau. Ich klettere die Zickzacktreppe zu ihm hoch und besuche das *Museum* darin: Ein lebensgroßer Wolf aus Pappe erinnert daran, dass die nahen Gebirge noch immer eine *Tierra de Lobos*, Wolfsland, sind. Bis zu 120 Wölfe sollen hier herumstreifen. Den grassierenden Schauergeschichten zum Trotz sind Wölfe äußerst scheu – man wird sie nicht zu sehen bekommen. Puebla ist Ausgangspunkt des Naturparks *Lago de Sanabria*. Der über fünf Quadratkilometer große, auf 1000 Meter Höhe gelegene See ist der größte ehemalige Gletschersee Spaniens. Das Museum informiert über regionale Geschichte, Flora, Fauna und Brauchtum. Darunter ist viel Vertrautes. Sogar die Karnevalsfiguren sehen den „Perchten" der bayerisch-österreichischen Alpenregionen zum Verwechseln ähnlich. Die einzigen Besucher außer mir sind drei Polizisten, denen sichtlich langweilig ist. Von den Befestigungsmauern und vom quadratischen Turm *Torre del Homenaje*, Ehrenturm, auch „El Macho" genannt, schaue ich auf die granitenen Dächer von Puebla de Sanabria. Der Ort wurde 509 erstmals schriftlich erwähnt und ist eine der ältesten Siedlungen der Provinz Zamora. Bedeutsam wurde er durch seine Lage an der Grenze der Königreiche León, Galicien und Portugal. Die wuchtige Wehrburg wurde im 15. Jahrhundert vom Grafen von Benavente erbaut, um dem Vormarsch der Araber die Stirn zu bieten. 1506 logierten darin Johanna die Wahnsinnige und Philipp der Schöne. Auch ihr Leben bietet reichen Stoff für ein Königsdrama: Trotz ihrer krisengeschüttelten Ehe soll Johanna ihren Gatten abgöttisch geliebt haben. Sie gebar rasch nacheinander sechs Kinder – den späteren Karl V. (Carlos I.), bei einem Ballbesuch auf der Toilette. Nach Philipps frühem Tod verzweifelte sie völlig und unternahm nichts, um ihren Kronanspruch zu bekräftigen, sondern überließ ihrem Vater Ferdinand bereitwillig die Regierungsgeschäfte. Trotzdem war sie ihrem in Kastilien unbeliebten Vater im Weg.

Steinskulpturen am Portal der Iglesia de Santa María del Azogue (12.–18. Jh.)

Zunächst versuchte er, die verzweifelte Witwe zur Annahme des Heiratsgesuchs des englischen Königs zu überreden, um sie außer Landes zu bekommen. Als sie dies ablehnte, nötigte er sie im Februar 1509 in die Festung von Tordesillas. Dort lebte sie 46 Jahre lang, erst als Gefangene ihres Vaters, dann ihres Sohnes, und starb 1555 im damals hohen Alter von 75 Jahren in deren Mauern. Ich schlendere zu einem anderen Aussichtsturm. Aus den offenen Balkontüren eines efeuumrankten Hauses ist „Take Five“ von Dave Brubeck zu hören. Die Melodie untermalt den Eindruck eines entspannten, netten Kleinstädtchens, den ich an diesem Tag von Puebla gewinne.

Die kleinen wappengeschmückten Paläste Landadeliger und die eleganten Häuser reicher Bürger beweisen die traditionsreiche Bedeutung dieser Stadt. Zugleich haben diese pittoresken Häuser mit ihren hölzernen Dachsparren, den granitenen Dächern, steinernen Hausbänken, Holzbalkonen und verglasten Veranden durchaus alpinen Charakter. Das schöne bauliche Erbe und die Nähe zu attraktiven Naturschauplätzen machen den Ort zu einem beliebten touristischen Ziel. Aber jetzt, in der Vorsaison, ist noch wenig los. Sanabria ist sich seiner Rolle bewusst und wird tüchtig herausgeputzt. Man saniert aufwendig und bemüht sich um die Erhaltung des traditionellen Ortsbildes. Dabei die Balance zwischen Behübschung und Authentizität zu finden, ist sicher eine große Herausforderung. Es gibt Hotels und kleine Souvenirläden, Bars und Restaurants. Neben deftigen Regionalgerichten werden auf den Speisenkarten jedes Lokals mehrere Varianten der *Trucha*, Forelle, angeboten. Der Lago de Sanabria und der oberhalb von ihm entspringende Río Tera sind wegen ihres Forellenreichtums berühmt.

Bald nach Puebla de Sanabria folgt der Weg der idyllischen Bachlandschaft des Río Castro. | Spanische Rinder imponieren vielfach mit imposanten Hörnern.

PUEBLA DE SANABRIA – REQUEJO

32. ETAPPE

Mein Wanderführer von Cordula Rabe schlägt vor, die fast 29 Kilometer von *Puebla de Sanabria* nach *Lubián* in einer ca. achtstündigen Etappe zu wandern. Mit Gepäck ist das sehr anstrengend, umso mehr als der Weg auf den höchsten Punkt des gesamten Caminos klettert: 1355 Meter. Meiner Beobachtung nach folgen die meisten Pilger diesem Vorschlag, allerdings gehen sie, um Anstrengung zu sparen, am Straßenrand. Diesem zu folgen ist bei starken Regenfällen jedenfalls angeraten, weil ufernahe Feuchtwiesen dann tief und sumpfig werden und Wege zu Bächen, deren Überwindung stellenweise Improvisationstalent oder großräumige Umgehungen bedingt. Durch die Straße versäumt man allerdings zwei wunderschöne Wegabschnitte. Mein Wetterglück erlaubt mir, abseits der Straße zu gehen, und um diese Wegabschnitte beschaulich erleben zu können, entschließe ich mich, die Etappe zu teilen und heute nur drei Stunden bis Requejo zu wandern und morgen fünf bis Lubián.

Morgens geht es im Zentrum von Puebla de Sanabria los – erst die Treppen hinunter, dann rechts in die *Calle San Bernardo* und zum Friedhof, an dessen rechter Seite ein Pfad steil bergab führt. Wenig später zweigt von dieser links der Weg ab, der dem *Río Castro* flussauf folgt. Diese Strecke ist eine äußerst angenehme Überraschung. Der klare Bach ist gesäumt von einem Auwald mit hohen, kahlen Erlen und Birken. Vogelstimmen beleben die Bäume. Der Fluss führt wenig Wasser, aber die Kühe kennen offenbar seine tieferen Stellen und nehmen genüssliche Bäder. Dann reitet ein Cowboy ins Bild – aber der Begriff verdreht die historischen Tatsachen, denn sowohl sein Name als auch sein typisches Erscheinungsbild wurden von Spanien aus in die Neue Welt exportiert: *Vaca* ist die Kuh, der *Vaquero* der Mann, der die Kühe hütet. Die Engländer übersetzten den Begriff als „Cowman", woraus sich in der Neuen Welt der „Cowboy" entwickelte. Bei der Ruine eines Steinhäuschens halte ich in der Sonne kurz Rast. Nach einem kurzen Straßenstück biegt man nach rechts ein und steht bald vor der *Iglesia de Santiago de Terroso*. Die im 12. Jahrhundert erbaute Kirche ist dem heiligen Jakob geweiht. Ihr Portal ist mit geschnitzten Jakobsmuscheln übersät. Im Mittelalter sollen hier auch Päpste und Könige auf ihren Pilgerreisen nach Santiago Zuflucht gefunden haben.

Iglesia de Santiago de Terroso (um 12. Jh.)

DIE ZEIT IST EINE UHR OHNE ZIFFERN. Ernst Bloch

Nach dem kleinen Bauernort *Terroso* folgt ein Wald, den ich als „märchenhaft“ empfinde: Sein Boden ist bedeckt mit papierartig dünnen, welken Eichenblättern. Das Braun des Blätterteppichs beleben das Rotbraun alter, verwelkter und das frische Hellgrün junger Farne, deren Blätter sich wie eine Hand öffnen. Dazwischen flattern lilablaue Schmetterlinge. Der Hohlweg zwischen den hohen Bäumen ist derart tief, dass ihre Wurzeln von oben in die Böschung ragen – eine Umkehrung, die mich zur Zwergin auf Besuch im Land der Riesen macht...

Aus dem Hohlweg tretend, quert etwa 30 Meter vor mir ein „Untier“ den Weg. Es hat ein geflecktes Fell, eine spitze Schnauze, einen athletischen Körper, ist lang, schmal und so riesig, dass ich vermute, es reicht mir bis zur Schulter. Ein Hund! Wie er so im gestreckten Galopp rennt, ist er ein Bild für Kraft und Gefahr, und ich fürchte mich sofort und sehr. Ich ziehe meinen Stock aus dem Rucksack und hebe einen Stein auf. Aber der Hund sprengt über die Ebene, ohne mich eines Blickes zu würdigen!

Nach Überquerung der N 525 auf einer Brücke wandere ich an der Jakobsstatue vorbei hinein in den netten Ort *Requejo*. Im Ort bewirbt eine blecherne, lautsprecherverstärkte Stimme nonstop die Sonderangebote eines fahrenden Händlers. Ältere Frauen gustieren, was es gibt. Mein Blick wird auch hier von etwas angezogen, das mich schon länger fesselt: Tore und Türen – Orte der Begegnung und der Grenze zwischen Außen und Innen, Ich und Du, fremd und vertraut – ein magischer und sehr entscheidender Punkt des Hauses. Nicht nur deswegen haben es mir seit geraumer Zeit die Holztüren in den bäuerlichen Orten Kastiliens angetan, sondern auch weil sich in ihnen etwas Unfassbares in jedem Detail zeigt: die Zeit. Schon ihr Material selbst weist auf sie – durch die Jahresringe des Holzes, die die Dauer seines Wachstums bezeugen und deren Zeichnung immer prägnanter wird, weil die Jahre das weichere Holz zwischen den Ringen immer tiefer schaben. Nässe knabbert nach und nach die Türen von unten an, und häufige oder dauernde Feuchtigkeit lässt Moos und Schimmel von unten herauf wachsen. Am eindrucksvollsten finde ich aber die vielen nach und nach aufgetragenen Farbschichten: Die Sonne bleicht sie oder der vertrocknete Lack blättert ab – jedenfalls liegen einstmals deckende Schichten dann dünn und lasierend übereinander und kreieren derart perfekte Bilder in lebendigen, subtilen Farbmischungen, gemalt vom großen Künstler Zeit. In den höher gelegenen Bauerndörfern Galiciens finden sich viele solcher eindrucksvollen „Zeit-Zeugen“.

Hang am Ufer des Río Requejo, dicht bewachsen von Heidekraut und Ginster

REQUEJO – LUBIÁN

33. ETAPPE

Beim Friedhof rät mir ein alter Mann, lieber entlang der Straße zu gehen, umso mehr als ich allein unterwegs bin, aber ich bleibe bei meinem Vorhaben. Von da an geht es sanft und stetig bergan – zweieinhalb bis drei Stunden lang. Ich bin gut in Form und freue mich sehr am Gehen! Auch das Wetter ist ideal – sonnig, aber nicht heiß.

Grün, gelb, weiß und rosa sind die Hänge vom blühenden Ginster und Heidekraut bedeckt. Ihnen entlang führt der Weg durch mal mehr, mal weniger dichten, flechtenbewachsenen Wald, oft direkt am *Río Requejo*. Wäre es heißer, könnte ich ein erfrischendes Bad nehmen. Trotz der langen Schönwetterperiode und Trockenheit sind manche Abschnitte matschig, aber unproblematisch. Die Hänge des Bergrückens linker Hand mit seinem zackigen, dunklen Felskamm sind rosa vom Heidekraut-Teppich. Einige weiße Windräder ragen auf dem Kamm in den Himmel, und die Bäume geben mehrmals den Blick frei auf die Schienen der Eisenbahnlinie. Vor einer Hausruine geht es scharf nach rechts und auf einem Forstweg hoch zur stillgelegten Trasse der alten N 525. Diese führt in weiten Kurven bergan und unterquert die neue N 525 und die Autobahn. Inzwischen ist der Wind kühl geworden und mich fröstelt. Ich habe gelernt, auf solche Bedürfnisse unverzüglich zu reagieren: mich gleich an- oder auszuziehen, sofort den Durst zu stillen, wenigstens eine Kleinigkeit zu essen, wenn ich Hunger habe – eine halbe Stunde später braucht es die gleiche Zeit, nur haben Hunger, Durst oder Kälte dann schon viel Energie genommen. Mich freut auch, dass ich jetzt vollkommen ruhig bin, auch wenn ich, wie heute, in völliger Einsamkeit einen unübersichtlichen Wald durchwandere und mangels Mobiltelefonnetz abgeschnitten bin von jeglicher Kommunikationsmöglichkeit.

Dann ist der Pass *Puerto de Padornelo* erreicht. Der Weg durch das Flusstal hier herauf war definitiv länger und anstrengender als die Straßenwanderung und er war unvergleichlich schöner! Jetzt freue ich mich an der Aussicht ins schöne Tal, trotz der vielen Hochspannungsleitungen in der Ferne.

Eine halbstündige Straßenwanderung später bin ich im tiefer liegenden, kleinen Ort *Padornelo* mit seinen vielfach verlassenen, verfallenden Steinhäusern, seinem Brunnen voll kristallklarem Quellwasser, den lila Lilien, den orange leuchtenden Ringelblumen und duftenden, weißen Fliederstauden. Es ist sonnig und sehr friedlich. Wie in so

Der letzte Ort vor der galicischen Grenze heißt Lubián. Sein Name spielt vermutlich darauf an, dass es in dieser Gegend früher lobos, Wölfe, gab.

LERNE ALT ZU WERDEN MIT EINEM JUNGEN HERZEN. Johann Wolfgang von Goethe

manchem galicischen Bergort ziert auch hier das eine oder andere Haus ein geheimnisvolles Zeichen, das frühere Generationen in steinernen Fenster- oder Türrahmen hinterließen, um was oder wen auch immer zu beschwören.

Von hier sind es noch zwei Stunden bergab bis zum Etappenziel *Lubián*. Ein Zitronenfalter schaukelt vor mir her, als ich dem Pfad aus dem Ort folge und den Ausblick genieße, den Windpark inklusive. Ich mag auch die folgende halbstündige Straßenwanderung. Nach der Abzweigung Richtung Lubián tropft Wasser in dünnen, silbrigen Fäden aus dem Hang. Die Gegend hat zwar keinerlei Wasserarmut zu beklagen, brandgefährdet ist sie aber trotzdem. Traurige Beweise früherer Großflächenbrände liefern schwarz verkohlte Hänge.

Zwanzig Minuten später geht es linker Hand hinunter nach *Acibeiros*. Der kleine Ort liegt auf 1121 Meter Seehöhe. Neben den Mühlen aus dem 15. Jahrhundert bietet er für mich mehr pittoreske Ecken und Anblicke als je einer vorher. Hier leben nur wenige Menschen, aber ich möchte sie eher, wie in alten Büchern, „Seelen“ nennen. Mehr noch als den Häusern ist den Gesichtern ihr LEBEN eingeschrieben. Eine alte Frau fällt mir besonders auf: Ihr Gesicht ist so weich, so „mürbe“ – wie ein Stoff, der viel getragen und gewaschen wurde. Darin haben die Zeit und ein Leben voll Arbeit und Mühen tiefe Kerben gegraben und dennoch ist es nicht versteinert oder bitter. Vielmehr spricht es von Vertrauen und einer grenzenlosen, warmherzigen Freundlichkeit. So besonderen Menschen begegne ich hier immer wieder, aber ich traue mich nie, sie zu fotografieren.

Vom Ort geht es hinunter durch das Tal des *Río Leira* zum *Río Pedro*. Auch diesen Wegabschnitt empfinde ich wieder als ausgesprochen schön, aber bei Regen verwandelt er sich vermutlich in einen Bach! Weniger als eine Stunde später bin ich in Lubián. Eines der ersten Häuser ist die Pilgerherberge. Wäsche flattert auf dem Balkon, Schuhe stehen auf dem Fensterbrett. Ein Pilger, auf dessen Schulter die blau gezeichnete Tätowierung einer Meerjungfrau prangt, tritt freundlich grüßend heraus und humpelt ins Dorf. In den Steinhäusern des Ortes haben viele Generationen von Menschen gelebt. Ihre Dächer mit den graphitfarbenen Granitschindeln glänzen wie Fischschuppen. Das Auto eines fahrenden Händlers ist umringt von Menschen. Der Einkauf ist auch zum Plaudern da. Eine Frau kauft zwölf, eine andere 24 Liter Haltbarmilch.

Galicien fühlt sich „anders" an, weniger spanisch, es erinnert vielmehr an Schottland. Tatsächlich sind Geschichte, Bevölkerung, Sprache, Natur und Klima ganz anders als im übrigen Spanien, und es konnten sich hier, im Schutz hoher Gebirge, vorchristliches Gedankengut und Spuren uralter Kulturen erhalten. Vor allem prägten die keltischen Galläker, ein kelto-iberisches Volk, das die Gegend von 700 v. Chr. bis zum Einfall der Römer um 135 v. Chr. besiedelte, das Land nachhaltig bis heute. Auf sie geht der Name der Region zurück und das von der älteren Landbevölkerung auch heute noch fast ausschließlich gesprochene *Galego* – eine melodiöse, dem Portugiesischen verwandte Sprache. Das keltische Erbe lebt in vielen Bräuchen, in der Musik, der *Gaita* (galicischer Dudelsack), in Mythen, im Glauben an die Kraft der Steine, des Meeres und der Hexen fort. Galicien, das „ohnehin für alles prädestiniert ist, was mit Geheimnissen und Zauberei zu tun hat" (Nooteboom, 284), ist eine Hochburg des Aberglaubens und eine Bastion des christlichen Glaubens zugleich. Nach den Römern kamen im 5. Jahrhundert die Sueben, die im 6. Jahrhundert von den Westgoten unterworfen wurden. Die Mauren spielten in Galicien eine untergeordnete Rolle. Das Gedeihen der Region war immer eng verwoben mit dem des Pilgerweges. Die ökonomische Schwäche Galiciens führte ab dem 19. Jahrhundert zu einer großen Auswanderungswelle, vor allem nach Argentinien und Kuba. Heute leben 1,4 Millionen Galicier im Ausland, 2,7 Millionen im Inland.

Noch immer ist Galicien eine der ärmsten Regionen Spaniens. Das Gros der Bevölkerung lebt von dem, was das Meer oder kleinstformatige Landparzellen hergeben. In manchen Orten ist Strom eine eher neue Errungenschaft. Viele Dörfer sterben aus. Der Tourismus ist unbedeutend, dabei hat Galicien eine 1200 Kilometer lange Küste mit weißen Sandstränden und dramatischen Felsküsten wie die *Costa da Morte*, Megalithgräber, bronzezeitliche Steingravuren, keltische Steindörfer, Städte wie A Coruña oder Santiago, mystische Wälder, Wildpferde, ein reiches keltisches Erbe, eine köstliche maritime Küche und vieles mehr.

Die höchste Erhebung des Weges in Galicien liegt gleich am Anfang: der 1262 Meter hohe Pass *Puerto de A Canda*, der die Region wie ein Riegel abgrenzt. Das Höhenprofil der weiteren 200 Kilometer bis Santiago, das auf 260 Meter Seehöhe liegt, zeigt eine fallende Zickzacklinie. Die Kurve, die die 90 Kilometer von Santiago bis Finisterre auf Meeresniveau hinunter nachzeichnet, ist eine flachere. Die Region ist sehr regenreich. Neben Flechten und Moosen auf Steinen und Häusern zeigen das die dichten, vor Nässe triefenden mystischen Wälder. In den Höhenlagen wachsen Eichen, Birken, Weiden, Erlen, Kastanien, Pappeln, Kiefern, Heidepflanzen und Adlerfarne. Vielfach sind aber – bedingt durch Abholzung und katastrophale Waldbrände, die riesige Wälder und Buschland vernichten – Eukalypten, Ginster und Heidekraut im Vormarsch. Schon nach *Ourense* macht sich der Golfstrom bemerkbar, der das Klima milder macht, wodurch sich mediterrane Pflanzen hinzugesellen: Stein- und Korkeichen, Erdbeerbäume, Thymian, Lavendel, Salbei, Wein und vor allem Eukalypten. Das feuchte Klima hat matschige Wege zur Folge und sumpfige Feuchtwiesen. Umsichtige Wegbetreuer haben ihre Überquerung mit Trittsteinen meistens problemlos gemacht. Neben steingesäumten Pfaden, den *Corredoiras*, für die Galicien bekannt ist, sowie Feld- und Waldwegen sind hier vielfach kleine Landsträßlein zu begehen. Diese führen durch viele winzige Weiler, deren Kleinbauern die Landschaft prägen. Die einzige größere Stadt vor Santiago de Compostela ist die Industriestadt Ourense. Galicien ist sehr gastfreundlich zu Pilgern. Die Herbergen sind meist in bestens sanierten Altbauten oder in modernen Neubauten untergebracht. Nächtigungen sind gratis. Schöne Sandsteinskulpturen des Bildhauers Nicanor Carballo weisen den Weg. Sie zeigen Jakob, den Pfeil, die Muschel, den Hut oder Kürbis.

Landschaft zwischen O Pereiro und Alto del Cañizo

LUBIÁN – A GUDIÑA

34.
ETAPPE

In der Nacht regnet es. Trotzdem stehe ich um 6.30 Uhr voll Tatendrang auf und folge bald den gelben Pfeilen aus Lubián auf die kleine Landstraße. Später erst zeigt sich, dass ein anderer Weg vom Ort weg kürzer gewesen wäre und mich zudem auf eine Brücke über die Autobahn zur *Ermita de Tuiza* geleitet hätte. Dieses barocke Heiligtum ist der *Virgen de las Nieves*, der Schneejungfrau, gewidmet. Wenn die galicischen Erntehelfer aus der *Meseta* zurückkehrten, baten sie die Heilige vor dem Aufstieg zum *A-Canda-Pass* um ihren Beistand bei der Bergüberquerung. Mich hat die Straße aber zu ihrem weitaus kleineren Pendant geführt, der gleichnamigen Steinkapelle, deren sorgfältiger Schmuck mit Blumen und Kerzen etwas Rührendes hat.

Nun beginnt der zweistündige Aufstieg. Es regnet immer wieder und der Erdweg ist sehr nass. Steilere Matschpassagen lassen sich aber mit kräftiger Unterstützung der Wanderstöcke recht gut überwinden. Wie ein bunter Vorhang hängen stellenweise die Ginster- und Heidekrautäste in den Weg. Berührt man sie beim Gehen, regnen von ihren zahllosen Spitzen silberne Tropfen auf einen nieder. Die Nässe lässt alle Farben besonders leuchten – nicht nur das Gelb, Rosa und Weiß der Ginster- und Erikabüsche, sondern auch das frische Grün der Bäume und das Orange der alten Farne. Ich freue mich am Gehen und am Weg. Heute ist mein 46. Geburtstag – es ist ein guter Tag! Ich schaue dankbar zurück und zuversichtlich nach vorn.

Im extrem regenreichen Galicien ist auch im Juli und August mit Niederschlägen zu rechnen. Rucksackhüllen oder eine Pelerine über dem Anorak sind unverzichtbare Details.

WER AN DER KÜSTE BLEIBT, KANN KEINE NEUEN OZEANE ENTDECKEN. Fernando Magellan

Oben am *Puerto de A Canda*, am A-Canda-Pass, auf 1262 Metern ist die Grenze zu Galicien erreicht. Es ist ein gewisser Stolz dabei beim Gedanken, *Castilla y León* zu Fuß durchquert zu haben. Nebel verschluckt den nahen Berggipfel. Aus dem Grau dringt das Geräusch der rotierenden Windräder. Im regenverhangenen, kastilischen Tal leuchten die Straßen und Lubián in einem seltenen Sonnenstrahl. Zwei deutsche Paare langen an, wir fotografieren einander, den galicischen Grenzstein umarmend, sie bieten mir Schokolade, ich ihnen Kekse an.

Ab jetzt geht es bergab. Nach dem Ort *A Canda* führt der Weg durch ein Tal mit Eichen und Kastanien. Dass sich bei Regen Wiesen in Feuchtbiotope verwandeln, ist ein Fakt. Die Wegverwalter haben sie inzwischen mit Trittsteinen, Betonpfaden und Brücken gangbar gemacht. Weil es zum Niedersetzen zu nass ist, esse ich Kekse im Gehen.

Ab *O Pereira* gefällt mir die Strecke noch mehr: Da brechen aus dem bunten Ginster bemooste Granitfindlinge, als ob Wale in bunten Wellenbergen schwämmen. Es ist eine mystische, herbe Landschaft. Schließlich steigert sich das Nieseln zu einem heftigen Dauerregen. Auf einer Weide wirbt ein Stier glücklos um seine Damen. Den Abschluss der Etappe bilden drei Kilometer auf der Bundesstraße bei strömendem Regen. Es ist nicht mehr viel trocken an mir, daher bin ich froh, in *A Gudiña* anzulangen. Zwei meiner deutschen Bekannten winken mir aus einer Bar aufmunternd zu, als ich vorbeiwandere. Kurz darauf bin auch ich im Trockenen.

Frühere Großflächenbrände haben große Waldgebiete vernichtet. Schwarz verkohlte Hänge erinnern noch Jahre später an die Katastrophen.

A GUDIÑA – LAZA

35.
ETAPPE

In *A Gudiña* teilt sich der Weg nochmals. Die längere Süd-Route folgt meist der Nationalstraße und Autobahn und vereinigt sich in *Verín* mit dem portugiesischen Pilgerweg. Diese Variante wird eher von Radpilgern gewählt. Ich nehme die kürzere, schönere Strecke über *Laza*. Nachts schüttet es – vor einer Etappe mit fast neun Stunden Gehzeit ... Ich liege lange schlaflos, starte dann aber doch zeitig. Am Morgen spiegelt sich in einer Lacke ein Stück Himmelblau, und ich hoffe auf besseres Wetter. Tatsächlich trocknet die Straße und die Regenschauer rundherum sparen „meine" Gegend aus. Ein weißhaariger Pilger beginnt seinen Wandertag in der Bibel lesend.

Abgesehen von kürzeren Passagen auf Forstwegen, ist das Gros der heutigen 33,3 Kilometer auf einem verkehrsarmen Landsträßlein, dem Höhenrücken in sanftem Auf und Ab folgend, recht unanstrengend zu gehen. Das Sträßlein verbindet vier Weiler, deren Namen mit *Venda* beginnen: *Vendas* waren Gasthäuser und Herbergen für Durchreisende. Heute leben nur mehr wenige Alte und Kleinstlandwirte hier. Die weiten Ausblicke fallen im Süden auf endlose Hügel, bunte Hänge mit Ginster und Heidekraut, dazwischen schwarz verkohlte und Brandschneisen, die Großbrände in Zukunft verhindern sollen, auf Wiederaufforstungen und im Norden auf den Stausee *Embalse de Portas*, der jetzt wie ein blinder Spiegel zwischen den Bergen liegt. Die Farben der Landschaft sind heute trüber. Regenwolken hängen tief über dem Land.

Mehrmals sagen die Alten zu mir: „Es wird regnen!" Und es stimmt: Bei *Venda de Teresa* schüttet es. Aber es geht kein Wind und die Ausrüstung schützt mich bestens. Die „Pèlerine" (französisch für „Pilgermantel"!) tut beste Dienste, nur ihre Kapuze setze ich ab, weil ich sonst nur Blau sehe, wenn ich den Kopf drehe ... Umso mehr bewährt sich der Regenhut, der verhindert, dass Tropfen auf meiner Brille die Sicht behindern. An seinem Rand schaukeln die silbernen Tropfen geraume Zeit, ehe sie fallen. Bei dem Wetter verstecken sich sogar die Hühner, und die Hunde liegen ungewöhnlich friedfertig am Weg.

Aussichtsreiche Landstraße auf dem Höhenrücken, der man (meist) in etwa drei Wanderstunden ab A Gudiña folgt. Wolken verhüllen heute den Stausee Embalse das Portas.

REICH IST, WER WEISS, DASS ER GENUG HAT. Lao-Tse

In *Venda Capela* nehme ich in einer der verfallenden Bahnarbeiterunterkünfte Zuflucht vor dem Regen und esse im Stehen etwas. Hier ist die Bahnlinie Zamora – A Coruña ganz nah. Auf dieser Strecke möchte ich fahren! Der Abschnitt zwischen Ourense und Puebla de Sanabria mit seinen 182 Tunnels gilt als eine der größten Leistungen in der Geschichte des spanischen Eisenbahnbaus. 1959 wurde die Bahnlinie fertig. Es muss damals für die Menschen magisch gewesen sein, auf einmal nach A Coruña ans Meer reisen zu können.

Beim Abstieg nach *Campobecerros* sind die Wanderstöcke wieder sehr hilfreich. Der Ort liegt am Naturpark *Montes do Invernadeiro*. Hier war 1981 einer der artenreichsten Wälder Galiciens fast vollständig abgebrannt. Seit das Gebiet Naturpark ist, gibt es darin wieder Kastanien, Eichen, Schlehen, Wölfe, Hirsche, Gämsen, Wildschweine, Murmeltiere, Adler und Falken. Der Park kann bei Voranmeldung von maximal dreißig Personen täglich besucht werden.

In Campobecerros rufen die Kirchenglocken zur Sonntagsmesse. Der Pfarrer beeilt sich mit seiner Predigt, vermutlich muss er mehrere Gemeinden betreuen. Ich kehre in einem der beiden Lokale ein. Es ist gleichzeitig Geschäft, Bar, Café und Wohnzimmer. Ein Sofa und Plastikstühle sind um einen Kanonenofen gruppiert, dessen Ofenrohr quer durch das Lokal geht. Darüber prangt ein präparierter Hirschkopf. Zwei Gäste schneiden am Tisch Scheiben von einer Stange Wurst und teilen sich eine Flasche Wein. Ein Hirte treibt seine Ziegenherde vorbei. Fünf Männer und zwei Frauen kommen herein. Alle kennen einander. Sie reden, trinken, lesen die Zeitung, schauen manchmal der Formel-1-Übertragung im Fernsehen zu. Schnelligkeit, Hightech, Geld – der Kontrast zwischen dieser und jener Welt ist enorm. Ich bekomme Milchkaffee in einer Riesen-Tasse und Kekse dazu. Zwei Pilger trinken Bier an der Bar. Die Wirtin gibt mir mütterliche Ratschläge mit auf den Weg. Nun sind es noch vier Stunden, aber mir fällt die Etappe leicht, weil ich positiv eingestellt bin und kaum stehenbleibe.

Im Nachbarort *Portocamba* leben nur mehr 33 Menschen.

Gasse in Laza (483 m, 1900 Einwohner) | *„Hórreos“, Getreidespeicher in Vilar de Barrio (669 m, 1975 Einwohner)*

LAZA – VILAR DE BARRIO

36. ETAPPE

Laza zeigt Pilgern seine Gastfreundschaft mit einer neuen, praktisch eingerichteten Herberge. Die Nächtigung in den sechs Achtbettzimmern ist – wie überall in Galicien – gratis!

Bis *Xunqueira de Ambía* wären es wieder neun Stunden Gehzeit, und nachdem es auch heute regnerisch ist, beschließe ich, nur bis *Vilar de Barrio* zu gehen. Dabei sind immerhin 500 Höhenmeter auf- und 300 abzusteigen.

In Laza erinnern eine steinerne Karnevalsmaske und eine bunt bemalte Blechfigur an Hausfassaden an das rüde Karnevalstreiben, für das der Ort berühmt ist: Mit bunter Tracht und hölzernen Masken ausgestattete Karnevalsfiguren grüßen am Faschingssonntag die Zuseher mit Peitschenknallen und verteilen Kekse. Am nächsten Tag aber werfen sie ein Gemisch aus Asche, Mehl und extra dafür bissfreudig gemachten Ameisen auf das Publikum.

Nach Laza folgt man fünf viertel Stunden einem Landsträßlein. In den umliegenden Feldern und Küchengärten wachsen hochstieliger Kohl, Zwiebeln, Fisolen, Kohlrüben, Steinnelken und Ringelblumen. Weizen wird angebaut und vor allem Kartoffeln. Ich pflücke einen vierblättrigen Klee am Straßenrand nach dem anderen. Er soll ja Glück bringen. Das ist zwar Aberglaube, aber schließlich bin ich in Galicien – einem Land, in dem der heilige Jakob genauso zu Hause ist wie Gnomen, Elfen und Hexen. Am Straßenrand kauft eine Frau beim fahrenden Händler ein. *Tamicelas* hat kein Geschäft. Bei 45 Einwohnern stellt sich keine Rentabilitätsfrage. Eine Hirtin treibt ihre Kühe vor sich her durch den Ort. Sie pflastern die Straße mit dampfenden braunen Fladen.

Ab hier führt ein Wanderweg bergan durch die inzwischen gewohnte rosa-gelb blühende Heide und manchmal auch durch Kiefernwald. Der Blick fällt ins Tal und auf die umliegenden kahlen Berge. Das Wetter wird trüber, nasser, Nebel zieht herum. Mir gefällt es trotzdem und ich komme gut voran. Unterwegs entdecke ich eine besondere Fußspur: die eines Hundes neben dem Profil von Wanderschuhen. Kann das Dusty sein? Nach Erreichen der Kuppe biegt man in die OU 113 ein und gelangt auf dem Sträßchen eine viertel Stunde später nach *Alberguería*. Hier unterhielt der Malteserorden im Mittelalter eine Pilgerherberge. Das Malteserkreuz ist noch an der

Herbert Gruber in der Bar „Rincón del Peregrino" in Alberguería (886 m, 47 Einwohner)

EIN LEBEN OHNE FREUDE IST WIE EINE WEITE REISE OHNE GASTHAUS. Demokrit

Dorfkirche *Iglesia de Santa María* zu sehen. Der Ort hat nur 47 Einwohner, trotzdem gibt es hier eine Bar, die sich ganz auf Pilger eingestellt hat: Der Wirt Luis legt jedem Gast eine Muschel vor, die dieser signiert, datiert und mit einem Gruß versieht. Von den Wänden und von der Decke hängen nun Pilgergrüße aus der ganzen Welt. (Die Muscheln kommen übrigens von Hochzeiten, weil in Galicien Hochzeitsgäste mit einer köstlich zubereiteten Jakobsmuschel begrüßt werden.) Uns spielt Luis zur Begrüßung den „Donauwalzer" vor – er hat noch nie so schön geklungen wie hier! Luis spielt Musik aus allen Nationen seiner Gäste, koreanische inklusive. Tatsächlich sind neben einem österreichischem Paar auch Dusty und sein Herr da! Die beiden sind nun schon über 1400 Kilometer gegangen. Der Spanier wirkt sehr kraftvoll und zentriert. Der Österreicher trägt seine steirische Zieharmonika mit auf dem Jakobsweg! Zum Abschied spielt er uns ein Lied. Ich will ihm sein Foto schicken und bitte um die E-Mail-Adresse. Daraufhin gibt er mir seine Visitkarte. Auf ihr steht mein Nachname. Vier von fünf Gästen in diesem maximal abgeschiedenen Lokal sind Österreicher und heißen Gruber! Da lachen die Spanier mit.

Danach geht es auf einem Feldweg durch blühende Kuppen, orange verwelkten Farn und neben der Straße zu einem Holzkreuz am *Alto Limia*. Von hier wandert man einen rosafarbenen Hang steil hinunter, ehe man durch einen Wald wieder auf einen rosa-gelben Hang gelangt. Die nun klarere Sicht erlaubt schöne Ausblicke ins Tal. Plötzlich steht ein Schwabe mit Rastahaaren vor mir, ein „Hippie" wie er sagt. Er lebt seit 15 Jahren hier, er und seine Freunde haben ein paar alte Steinhäuser gekauft und saniert. Er findet es „cool", dass ich den Weg gehe.

Unten ist der Rand der weiten Hochebene erreicht. In *Vilar de Barrio* leben die Menschen von der Landwirtschaft, insbesondere von der Kartoffel. Im Oktober, nach der Ernte, begeht der Ort sein wichtigstes Fest, das sich ganz und gar um die Kartoffel dreht. In einer Nebenstraße des Ortes sehe ich erstmals ein paar sehr schöne Beispiele der für ganz Galicien typischen *Hórreos*, Getreidespeicher auf Stelzen, die die Ernte, vor allem Maiskolben, vor Feuchtigkeit und Nagern schützen. Ihre Giebel zieren sowohl christliche Kreuze als auch keltische, pyramidale Fruchtbarkeitssymbole.

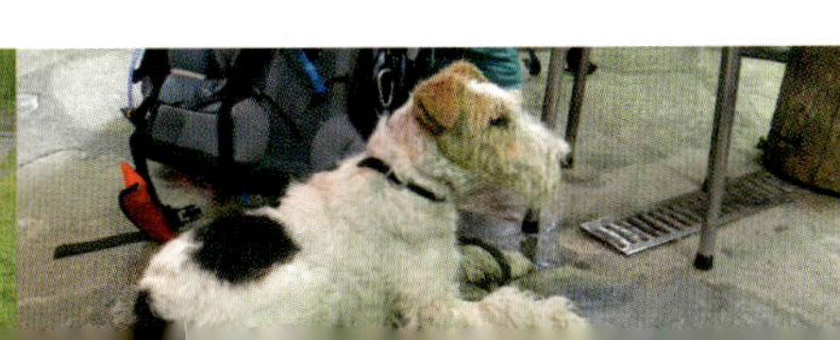

Ein von Natursteinen gesäumter Weg (galicisch: Corredoira) | Knorrige Eichen vor dem Weiler Cima de Vila

VILAR DE BARRIO – XUNQUEIRA DE AMBÍA – OURENSE

37.
38.
ETAPPE

Ab *Vilar de Gomareite*, unweit von Vilar de Barrio, führt der Weg wie mit einem Lineal gezogen durch das Tal. Links und rechts sind kleine Felder, wenige Störche hausen auf den Bäumen. In *Bobadela* erzählt ein Balkon vom Hobby des Bewohners: Ein altes Moped steht dort neben dem anderen. Im nun folgenden Wald sind die knorrigen Eichen bemoost und efeuberankt, es wachsen Farne, bemooste Steinplatten säumen den Weg – es ist die erste von vielen Begegnungen mit dem galicischen „Dschungel": üppig, dicht, feucht und voll grünem Licht. In *Padroso* leben nur 20 Menschen. Zwei davon halten eben Siesta: Ein Bauer in blauer Arbeitsmontur macht ein Schläfchen auf der Hausbank. Sein Kopf ruht auf dem Schoß seiner Frau. Nun kommt mein heutiges Lieblingsstück: Der Pass oberhalb des Ortes ist kahl und wieder mal bunt von Heidekraut und Ginster. Ich genieße den schönen Ausblick; ich fühle mich heute wieder meiner Mitte nahe, meiner Kraft, der des Weges und des Gehens, und ich bin dankbar dafür. Als ich realisiere, dass es nur noch 130 Kilometer bis Santiago sind, empfinde ich das – auch – als schade. Dann geht es wieder hinunter in den dichten Wald. Wie hätte ich mich davor am Beginn meiner Wanderung noch gescheut …

Gleich am Ortsrand von *Xunqueira de Ambía* befindet sich die Herberge. Ihr Architekt hat einen Würfel aus rostendem Blech mit einem Quader aus Natursteinen zu diesem modernen Gebäude vereint. Der Flurboden ist aus Stein, die Türen im Sanitärbereich blitzblau, der Essraum licht und leer. Dass die Fenster darin vom Fußboden nur bis zum Wandmitte heraufreichen und es keinen Platz gibt, im Freien auszuruhen und Wäsche aufzuhängen, zeigt, dass praktische Gesichtspunkte den ästhetischen untergeordnet wurden. Leider gibt es im Ort kein Restaurant. Pilger sind auf Selbstversorgung angewiesen oder darauf, dass ihnen ein Barbesitzer eine Kleinigkeit zubereitet. Hier soll der Legende nach im 4. Jahrhundert die Jungfrau Maria in einem Schilfrohrgebüsch erschienen sein, worauf ihr eine Kapelle geweiht wurde. Später folgten die Gründung eines Augustinerklosters und im 12./13. Jahrhundert die Erbauung der Stiftskirche *Colegiata de Santa María la Real*. Ich möchte unbedingt die kunsthistorischen Schätze darin fotografieren. Über Vermittlung einer Gemeindesekretärin treffe ich am nächsten Morgen Ricardo Conde Taboada im Café. Der Graf führt mich kenntnisreich, bemüht und stolz durch den sehenswerten spätgotischen *Kreuzgang* mit seinen romanischen Elementen und durch die Stiftskirche. Er zeigt mir das geschnitzte *Chorgestühl* aus dem 16. Jahrhundert, den Barockaltar, die berühmte *Orgel*, die laut Ricardo beim

Holzskulpturen in der Stiftskirche Colegiata de Santa María la Real (12./13. Jh.) in Xunqueira de Ambía: Virgen Peregrina, Maria als Pilgerin, und Jakob als Pilger

alljährlich im August stattfindenden Orgelfestival von den besten Organisten Europas bespielt wird, den geschnitzten *Jakob als Pilger* und die Holzskulptur der *Virgen Peregrina*, der Jungfrau Maria als Pilgerin. Sie wirkt eher wie eine Edeldame, die eine kleine Promenade macht. Im Mittelalter nahm das neben der Kirche stehende Hospiz Pilger auf. Nun soll darin ein Museum eingerichtet werden, um die kunsthistorischen Schätze der Öffentlichkeit besser präsentieren zu können.

Wenig später wandere ich los und überquere den *Río Arnoya*. In seinem Wasser spiegelt sich das Ufer eins zu eins. Es ist alles da: Helles und Dunkles, Tiefes und Lichtes, Klares und Undurchsichtiges. Das Bild ist vollkommen ruhig. Ich betrachte es lange, ohne zu denken, ohne zu schreiben. Wenn mich jemand fragte, was kannst du gut, würde ich antworten: still an einem Fluss sitzen. Jetzt: Eine Forelle springt. Ich wandere weiter.

Das Gros der heutigen sechsstündigen Etappe ist auf kleinen Landsträßlein zu gehen. Sie führen durch die sehr grüne, sehr dicht bewachsene Landschaft und viele kleine Weiler mit Steinhäusern und moderneren dazwischen; hübsch würde ich sie nicht nennen. Es nieselt öfter. Als es richtig regnet, ist es so und so Zeit für eine Pause, die ich, eine Kleinigkeit essend, in einer Bushaltestelle verbringe. Mir fällt auf, dass ich immer froher werde, je länger diese Reise dauert – obwohl heute der fünfte Regentag ist, die Szenerie nass und grau ist und heute fast nur Straßen zu gehen sind. Akzeptieren lernen, Dankbarkeit, Entspannung – bringt einen eine Auszeit, ein „Urlaub", nicht fast zwangsläufig dazu? Ich bin sicher, dass Gehen darüber hinaus massiv ent-stresst. Ich habe nichts gegen die Straße. Sie ist ein Teil des Weges. Als der Verkehr dichter wird, ziehe ich vorsichtshalber die Warnjacke an. Und siehe da: Auf einmal halten die Autos mehr Abstand. Manche blinken sogar. Zum Zeitvertreib halte ich Ausschau nach dem Kuriosen: Jemand hat zwei Plastikkühe in seinem Garten aufgestellt. Vielleicht genügt ihm der Ausblick auf die grasenden Kuhherden ringsum nicht? Ein Pilger hat sich mitten im Nirgendwo seiner Wanderschuhe entledigt. Sie stehen am Wegrand. Jemand hält sich Pfaue im Garten. Der männliche entfaltet sein prächtiges Federkleid und wackelt balzend mit dem Hinterteil. Die Damenwelt ist nicht uninteressiert. Als ich mich in einem Verkehrsspiegel sehe, ist klar – mit dem Outfit gehöre ich mit auf die Liste der Kuriositäten!

Capilla del Santísmo Cristo (1567–1576) in der Catedral de San Martiño (12./13. Jh.)

OURENSE

Nach eineinhalb Stunden durch Industrie und Peripherie geht es in *Ourense* durch eine der sechs Stockwerke hohen Häuserschluchten Richtung Zentrum. Die Stadt ist ein dicht besiedeltes Industrie- und Kommerzzentrum. Den Mittelpunkt der Altstadt bildet die *Catedral de San Martiño* (12./13. Jh.), die an der Stelle einer suebischen, von den Mauren zerstörten Kirche steht. Ihr Grundriss hat die Form eines lateinischen Kreuzes. Nach teilweiser Zerstörung wurde sie im 16. Jahrhundert renoviert. Infolgedessen vermischen sich an dem großen, in seiner Grundstruktur spätromanischen Gebäude mehrere Stile. Sie zählt zu den schönsten Kathedralen Galiciens. Neben einem *Retablo* von Cornelius de Holando und dem Grab des Bischofs Vaso Mariño ist dafür vor allem das wunderbare Portal – ein besonderes Beispiel romanischer Bildhauerkunst – der *Pórtico del Paraíso*, die Paradiespforte, verantwortlich. Er wurde von einem Schüler des berühmten Bildhauers Meister Mateo nach dem Vorbild dessen für die Kathedrale von Santiago geschaffenen *Pórtico de la Gloria* gefertigt. Allerdings sind die Steinfiguren in Ourense kräftig koloriert. Ihrer Farbigkeit wurde im 19. Jahrhundert erheblich nachgeholfen. Die Figuren stellen die vier Apostel, die vier Propheten und die 24 Ältesten der Apokalypse dar. Die Instrumente, auf denen Letztere spielen, wurden (wie die in Santiago abgebildeten) von Musikhistorikern rekonstruiert und geben wichtige Aufschlüsse über die Musik des Mittelalters. Auf dem Mittelpfeiler darunter befindet sich die Skulptur eines sitzenden Jakobs, mit einem Buch in der Linken und einem beweglichen Schwert in der Rechten. Wie in Santiago wurde dem romanischen Portal eine barocke Fassade vorgeblendet.

Pórtico del Paraíso mit kolorierten Steinfiguren (1218–1248 entstanden) in der Catedral de San Martiño (12./13. Jh.)

DAS WUNDER IST DES GLAUBENS LIEBSTES KIND. Johann Wolfgang von Goethe

Ich schlendere von den apokalyptischen Musikanten durch das zur Sonntagsmesse gut besuchte Kirchenschiff. Am anderen Ende wird mein Blick wie magnetisch angezogen von der Gravur einer Jakobsmuschel – unsereins hat einen selektiven Blick dafür entwickelt. Ich lege meine Hand darauf. Das haben so viele Menschen vor mir getan, dass der Stein ausgehöhlt ist – es ist, als könne man die Zeit und die Kraft des Glaubens an dieser Vertiefung spüren. Hier ist der Eintritt zu einer Kapelle, die mich in ihrer Dunkelheit und ihrer keinen Millimeter freilassenden Struktur an eine Tropfsteinhöhle erinnert. Es ist die zweite große Attraktion der Kathedrale: die üppige, spätmanieristische *Capilla del Santísmo Cristo*. Ihren Mittelpunkt bildet ein Kreuz, von dem die Legende sagt, es sei nach dem Ende der Kreuzfahrerzeit vom Heiligen Land an die galicische Küste gespült worden. Der Christusfigur sollen Haare und Nägel nachwachsen … Nach Einwurf eines Euro in den inzwischen bekannten Münzapparat zeigt sich der dunkelbraune, höhlenartige Raum der Kapelle für eine Zeit lang in einem warmen Rotgold. Aus dem Dunkel treten einander übersteigende Schnitzwerke: dramatisch dargestellte, sämtlich blattvergoldete dreidimensionale Szenen aus dem Leben Christi.

Am Fußende der *Calle Juan de Austria* fällt das konkave Frontispiz der zweitgrößten Kirche von Ourense auf, der *Iglesia de Santa Eufemia* – ein Prunkstück galicischen Barocks. Vor seinem barocken Hochaltar mit dem *Cristo da Esperanza*, dem Christus der Hoffnung (18. Jh.), geben einander hiesige Paare am liebsten ihr Ja-Wort.

Eines der eleganten Cafés im Zentrum von Ourense

Nun will ich den Sonntagmorgen mit einem Frühstück im Café feiern. Im *Café Latino* ist alles besetzt und die Bühne startklar für den Auftritt der Musiker. Wie alljährlich findet hier ein internationales Jazzfestival statt. Das Lokal daneben erinnert mich mit seinem Holzfußboden und -wandvertäfelungen, seinen Kristalllustern und Marmortischchen, den Messingarmaturen und dem von einem Spitzenvorhang abgesofteten Licht an die Atmosphäre mancher Cafés in Wien. Hier verbringe ich eine sehr angenehme Lesestunde mit der in solchen Lokalen typischen Geräuschkulisse: das Geklapper von Porzellan und Metall auf Marmor, das Zischen der Kaffeemaschine, das Rascheln der Zeitungen, das Stimmengemurmel. Ich lese über die äußerst wechselvolle Geschichte der Stadt nach. Nach den Römern erlebte Ourense als Hauptstadt des Königreiches der Sueben im 5. und 6. Jahrhundert eine Blütezeit, in die auch die Erbauung der ersten Kathedrale fiel. Darauf folgende wiederholte Raubzüge der Mauren sowie der Normannen verwüsteten die Stadt derart, dass sie mehrere Jahrhunderte lang fast unbewohnt blieb, bis sie – erst im 11. Jahrhundert – von König Sancho II. von Kastilien mit Christen wiederbesiedelt wurde. Schon 100 Jahre später war sie erneut religiöses und kommerzielles Zentrum. Die Vertreibung der Juden 1492 durch die Katholischen Könige trieb die Stadt aber in den wirtschaftlichen Ruin, von dem sich Ourense erst durch den Bau der Bahnlinie Zamora – A Coruña Ende des 19. Jahrhunderts erholen sollte! Seither hat sich die

Pools von Chavasqueira direkt am Río Miño

Stadt als Industrie- und Handelszentrum etabliert und zählt jetzt um die 109.000 Einwohner. Allerdings sind auch hier viele gezwungen, ihr Glück in der Fremde zu suchen. Barnamen wie „Berlin“ verraten, wo sich der Wirt sein Lokal erarbeitet hat.

Laut einem Prospekt der Touristinfo ist Ourense bezüglich der Anzahl und des Volumens der Thermalquellen die zweitbedeutendste Stadt Europas. „Stellen Sie sich vor, ein Bad in einem großen Thermalbecken unter freiem Himmel am Miño zu nehmen, zu jeder Tages- und Jahreszeit und bei einer Wassertemperatur von mehr als 40 Grad. Dieses Erlebnis erwartet Sie in Ourense, eine Stadt, die auf einem unterirdischen Meer ruht. Fünf kostenlose Thermalbadebereiche erwarten Sie, wo man sogar das Heilwasser aus dem Felsen austreten sieht.“ Was die Werbung verspricht, will ich sehen und wende meine Schritte Richtung Fluss. Es geht sich nett am anderen Ufer des *Ríos Miño*, mit seinen Wildenten, Picknickbereichen und schönen Felsen. Gleich nach Unterquerung der Millennium-Brücke beginnt die Thermalquellenzone. Die kommerziellen heißen „Bäder“ und die öffentlichen „Pools“, deren Besuch gratis ist. Die *Pools von Chavasqueira* etwa sind auch für „durchreisende“ Pilger leicht besuchbar, da sie nur etwa einen halben Kilometer flussab vom *Camino* liegen. Eine Pause lässt sich hier sehr angenehm verbringen.

Ponte do Milenio, von Álvaro Varela erbaut (2001 eröffnet)

Morgens regnet es wieder einmal. Also mache ich mir „Ourense im Regen" zum Thema und fotografiere das Ballett der schirmtragenden Passanten auf der gewölbten Römerbrücke und wenig später das Figurenspiel der die Auswahl eines Schuhladens sondierenden Kundinnen in der Shopping-Meile *Rúa do Paseo*. Verglichen mit den die Altstadt umgebenden, mehrheitlich nüchternen Straßenzügen der Stadt fallen die nobel aufgemotzten Portale der eleganten Läden und die aufwendig dekorierten Schaufenster umso mehr auf. Neben der Modefirma Zara, einem der wirtschaftlichen Sterne Galiciens, geben hier teure Markenboutiquen à la Prada, Armani & Co. beredtes Zeugnis von der Kaufkraft der StädterInnen. Der Charme galicischer Frauen ist weitaus emanzipierter, herber, witziger als der verführerische der Andalusierinnen. Während der Auswanderungswelle im 19. Jahrhundert mussten sich viele Galicierinnen allein durchschlagen. Das könnte das selbstbewusstere, weniger kokette Auftreten der Nordspanierinnen begründen.

Der schräge, arkadengesäumte Hauptplatz, die *Praza Maior*, ist sicher einer der schönsten Plätze der Stadt. Hier stehen die *Casa do Concello*, das Rathaus, und daneben das *Museo Arqueolóxico*, das Archäologische Museum. Wenig später stelle ich mich an der *Praza das Burgas* hinter anderen Passanten beim Brunnen an, um Thermalwasser in meine Flasche zu füllen. Schon die Römer schätzten dieses Wasser als Thermal- und Heilbrunnen und gründeten infolgedessen die Stadt, die sie aufgrund ihres Reichtums an Gold und Thermalwasser *Aquis Auriensis*, Goldwasser, nannten. Die Goldreserven am Miño-Ufer sind erschöpft, aber das schwefelhaltige Thermalwasser sprudelt noch 2000 Jahre später mit 67 Grad Celsius aus der Erde. Es kann sowohl getrunken als auch für Waschungen verwendet werden und wirkt sich heilend auf Hautkrankheiten aus. Auf dem Platz haben schon die Römer den Wassernymphen einen Altar gewidmet. Heute befinden sich hier zwei Brunnen und ein Wasserbecken, das saniert und zu einem öffentlich zugänglichen Heilbad umfunktioniert werden soll.

In den gegenüberliegenden Gärten, *Xardins das Burgas*, treten zwei Teams von Peonza-Spielern gegeneinander an, die sich ruhig und dennoch mit tiefer Leidenschaft ihrem Spiel widmen.

Praza Maior (18./19. Jh.) | *Praza das Burgas*

Nachmittags spaziere ich noch ein Mal zum Río Miño und steige die Stufen der sich wie eine eher zahme Achterbahnschleife um die *Ponte do Milenio*, die Millenniums-Brücke, windenden Treppe hinauf zu ihrem höchsten Punkt. Von da hat man eine wunderbare Aussicht auf die Stadt und den Fluss. Diese avantgardistische Brücke wurde von Álvaro Varela erbaut und am 1. September 2001 eingeweiht. Sie ist 275 Meter lang und bringt neben den Gehsteigen auf 23 Metern Breite vier Fahrspuren unter.

Abends schlendere ich durch das dichte Netz kleiner Gassen und netter Plätze in der Umgebung der Kathedrale. Beispielsweise in der *Rúa dos Fornos* und der *Rúa Viriato* reiht sich ein Lokal an das nächste. Sie sind auch wochentags abends gut besucht, manche sogar überfüllt mit Gästen. Es gibt Lokale für jeden Geschmack: das kleine feine, das traditionelle, das rustikale, das coole, das hippiemäßige, das Ethno-Lokal, das romantische und das Kellerlokal, das als Versammlungsort von Revolutionären durchginge. Eine hiesige Delikatesse ist neben Fisch und Meerestieren vor allem der *Pulpo Galego*, ein gekochter, mit Paprika gewürzter Krake, der auf Holztellern serviert wird. In nächster Nähe zu Ourense liegt an den steilen Hängen des Miño das Anbaugebiet eines köstlichen, trockenen Weißweines, des D. O. Ribeiro und des Ribeira Sacra, die häufig in kleinen Porzellanschalen serviert werden.

Auf meinem Weg aus der Stadt überquere ich am nächsten Morgen noch ein Mal eines seiner architektonischen Höhepunkte, die *Puente Romano*, die Römerbrücke, mit ihren sieben Bögen auf einer Gesamtlänge von 370 Metern. Der mittlere Bogen hat eine Spannweite von 48 Metern und dürfte damit einer der längsten romanischen Brückenbogen der Welt sein. Allerdings dürften von der ursprünglich römischen Brücke aus dem 1. Jahrhundert n. Chr. nur noch einige Quadersteine an den Verankerungen erhalten sein. In ihrer heutigen Form mit Rundbögen und Rampen wurde die Brücke um 1230 wieder aufgebaut, im 17. Jahrhundert gab es einen letzten Umbau. Vor der Brücke steht linker Hand die Wallfahrtskirche *Los Remedios* aus dem 16. Jahrhundert, die mit ihr eine harmonische bauliche Einheit bildet.

Ourense hat mir vor allem durch seine Kathedrale, seine Lokale und seine Thermalbäder gefallen. Aber die Attraktivität der Stadt möchte entdeckt werden, sie entfaltet sich erst nach und nach. Ich verlasse Ourense als ihr Fan.

Mittelalterliche Brücke, Ponte Sobreira, über den Arroyo de Orbán | Verlassener Weiler am Arroyo de Orbán

OURENSE – CEA

39. ETAPPE

Von Ourense gibt es zwei Varianten nach *Cea*. Auf der östlichen Route sind die Steigungen gemäßigter. Auf beiden Wegen wechseln Landstraßen, Feld- und Waldwege und führen durch mehrere kleine Orte. Ich klappe meinen Wanderführer zu und entscheide mich für den östlichen Weg über *Tamallancos*. Da drückt mir ein Passant fünf Euro in die Hand. Ich hatte sie ausgestreut, als ich das Buch hervorkramte. Der Anblick der durch die Calle Santiago stadteinwärts eilenden Menschen setzt ein Rufzeichen hinter mein Gefühl, dass diese Reise ein großes Privileg ist und ein Glück, aus der Stadt hinaus und immer weiter wandern zu können! Der Stadtrand ist erstaunlich rasch erreicht. Dann kommt auch die Sonne – nach sieben Regentagen freue ich mich nun doppelt über sie.

In *Soutelo* geht es auf einem Straßenpflaster stetig, aber nett bergan zwischen Steinmauern und -häusern, an denen sich Heckenrosen emporranken. An den Fassaden mancher Privathäuser beweisen Pilgermuscheln die Sympathie ihrer Bewohner für unsereins. Von hier hat man einen schönen Ausblick auf Ourense. Das Häusermeer der Stadt schwappt an den Hügeln hoch, das Zentrum liegt am tiefsten, am Flussufer. Nach Soutelo führt der Weg durch Föhrenwald. Nun ist es blau und sonnig und der Blick auf die Stadt noch schöner geworden. Eine viertel Stunde nach der *Ermita de San Marco da Costa* ist die 100-Kilometer-Marke bis Santiago erreicht. Ich sehe die Zahl auf den Wegweisern gar nicht so gern kleiner werden und daher ist es mir recht, dass diese Kilometerschilder von Souvenirjägern fast alle entfernt wurden. In den kleinen Orten am Weg unterhalten „Kleinhäusler" Küchengärten und Miniaturfelder. Zum Lebensunterhalt reicht das bestimmt nicht. Die großen, stattlichen Häuser da und dort sprechen vom Trend, sich am Land in einem sanierten Altbau niederzulassen oder seinen Zweitwohnsitz aufzuschlagen. Das Bellen der Wachhunde in ihren Gärten begleitet mich oft lang. Bisweilen flankieren bis zu fünf Meter hohe gelbe Ginsterbüsche wie erstarrte Feuerwerke den Camino. Drei Radfahrer sausen an mir vorbei den Feldweg hinunter. Er führt durch einen der dichten grünen Wälder, an knorrigen Rieseneichen vorbei. Sie werden speziell beschnitten, um aus den Ästen schnell nachwachsendes Brennholz zu gewinnen, wobei der „Lieferant" unverletzt bleibt. Über den *Arroyo de Orbán* führt eine rührende mittelalterliche Brücke, die *Ponte Sobreira*, in ein verlassenes Dorf. In seinen Ruinen wuchern Büsche und Bäume, seine Mauern überziehen Schlingpflanzen, aus den Fenstern wachsen Rosen. Es ist ein Ort, der passen würde für Dornröschens hundertjährigen Schlaf. Der Wind, die Ähnlichkeit von Wald und Wiese, die eher feuchte Hitze erinnern mich an

Torre del Reloj, Uhrturm, mit vier Eckbrunnen im Ortszentrum von Cea (1926–1928 erbaut) | *„Pan de Cea"*

daheim. Bei aller Reiselust steigt dabei eine intensive Wertschätzung für diese stabile Verankerung in mir auf – ihr Fehlen wäre äußerst schmerzhaft. Der Weiterweg ist von unzähligen Glimmerschieferplättchen übersät. Er glitzert silbern.

Dann ist Cea erreicht. Es ist ein ansprechender, alter Ort mit engen Gassen, teilweise sanierten Granithäusern, einem der in Galicien auch heute noch benutzten öffentlichen Waschhäuser, *Hórreos* am Ortsrand und vor allem unzähligen *Brotbacköfen*. Die Öfen sind kreisrund und haben eine Halbkugelkuppel. Sie sind aus in gleicher Größe und Dicke zugeschnittenen Granitsteinen, dem *Granito Mosca*, gebaut. Dies gewährleistet eine gleichmäßige Erhitzung des Ofeninneren. Das hier gebackene *Pan de Cea* ist berühmt. Herkunft, Name, Bestandteile und Zubereitung sind gesetzlich geschützt, ihre Kontrolle obliegt einer Aufsichtsbehörde in A Coruña. Die Laibe müssen mit einem fortlaufend nummerierten Garantiesiegel versehen werden. Das rustikale Holzofenbrot aus Wasser, Salz, Weizenmehl und Sauerteig hat eine harte, braune Kruste. Es hält sich tagelang und schmeckt gehaltvoll. Die Brotbacktradition wie die Geschichte des Ortes *San Cristovo de Cea* hängen eng mit der des Zisterzienserklosters in Oseira, *Monasterio de Santa María la Real*, zusammen, weil Cea der wichtigste Brotlieferant des Klosters war. Die erste schriftliche Bezugnahme auf die Bäckereien von Cea datiert aus dem letzten Drittel des 13. Jahrhunderts. 1752 war jeder fünfte der 82 Bewohner von Cea Bäcker. Heutzutage gibt es mehr als 20 Öfen im Bezirk. Seit vielen Jahren wird im Juli das Brotfest gefeiert und der Bezirk führt einen Brotlaib in seinem Wappenschild. Im Ortszentrum steht Ceas Wahrzeichen, der auffallende *Torre del Reloj*, ein Glockenturm mit vier Eckbrunnen. Die *Herberge* ist in einem sanierten Altbau aus Granit untergebracht. Sie ist sauber, nett und mit Bedacht auf Pilgerbedürfnisse eingerichtet. Der Platz zum Wäschetrocken ist praktischerweise überdacht. Sie hat einen schönen Aufenthaltsraum, Ruheplätze im Freien und eine gut ausgestattete, moderne Kochnische. Dass der geräumige Schlafsaal mit den Stockbetten im Obergeschoss keine Tür hat, macht den Raum „größer" und luftiger, aber auch störanfälliger. Am Ortsrand steht die *Iglesia de San Facundo* (13. Jh.) unter Kastanien auf einem weiten Wiesenareal, das, von Steinmauern umgeben, durch ein Schmiedeeisentor zu betreten ist. Dadurch wirkt die Kirche herrschaftlich, fast wie ein Schloss.

Spurrillen im Stein auf dem Weg nach Oseira | Einer der in Galicien zahlreichen, von Natursteinmauern eingefassten Wege, Corredoira, genannt

CEA – KLOSTER OSEIRA

40.
ETAPPE

Diesen kurzen Wegabschnitt zähle ich zu den schönsten, und wenn ich bislang einen Wald als märchenhaft empfand, war es keiner so wie dieser dichte, galicische Dschungel mit gelben Blütenfeuerwerken des Ginsters, knorrigen Eichen und dicken Moosmänteln über den granitenen Wegsteinen, hellgrünen Flechtenbärten auf dunklen Baumstämmen und rostroten Farnen! Über matschige Passagen komme ich immer trockenen Fußes und sei es über die Polster dicker Pflanzenbüschel. Manche Wegstücke sind steingepflastert. Tiefe Spurrillen weisen weit in die Vergangenheit – wurden sie vor 2000 oder 1500 Jahren hinterlassen, von Römern, Goten oder Sueben? Ich lese an den Spuren, wo es für die Reisenden flott oder holprig ging und wo wohl um die Räder gefürchtet wurde. Eine herrliche, mit Heidekraut überwucherte Gegend wird dann auf einem verkehrslosen Landsträßlein durchwandert. Immer wieder erfahre ich beim Gehen die Gnade, ganz zu mir zu kommen und mich so verbunden zu fühlen mit dem Boden unter den Füßen, den Bäumen, dem Himmel, dem Hund hinter dem Zaun, der alten Frau, dem spielenden Kind, dem Bauer am Traktor. In der Sonne strahlt das Gelb des Ginsters, lodert das Rosa des Heidekrauts. Hier hinterlasse ich die Pilgerpost: Freut euch des Lebens.

Ganz plötzlich taucht dann das Kloster Oseira, das *Monasterio de Santa María la Real*, im Becken umgebender Hügel auf. Es ist ein mächtiger Bau, der mich eher an ein Schloss erinnert als an ein Kloster: ein kunsthistorisches Juwel, geprägt vor allem vom Barock. Graham Greene hat sich zeitweilig hierher zum Schreiben zurückgezogen und hier seine Persiflage „Monsignore Quijote“ verfasst, die mit Sir Alec Guinness in der Hauptrolle verfilmt wurde. Meine Hoffnung, in der *Hospedería*, dem Gästehaus des Klosters, zu nächtigen, an der *Cena*, dem Abendessen,

Monasterio de Santa María la Real in Oseira (ab 12. Jh.)

der Abendandacht der Mönche und dem Frühstück teilzunehmen, erfüllte sich nicht. Die dafür nötige Voranmeldung auf der Website des Klosters schlug fehl. Die Nächtigung in der klostereigenen Notunterkunft dagegen ist gratis und problemlos möglich. In einem riesigen, hohen Saal steht ein zehn Meter langer Tisch, flankiert von Bänken und zehn Stockbetten aus Metall. Es gibt keine Dusche, nur zwei Toiletten und Waschbecken. In einer der zwei Bars nebenan hat man sich bereit erklärt, eine Riesen-Omelette für die Pilger zuzubereiten.

Am nächsten Morgen verdunstet im Schlafraum die in den Klosterwänden nistende Feuchtigkeit der galicischen Wälder. Noch liegt das Gebäude in einem blauen Schattensee, aber bald streichen erste Sonnenstrahlen über seine Dachfirste. Wegen der heute stattfindenden Abtwahl ist eine Genehmigung zur fotografischen Dokumentation der Innenräume des Klosters nicht zu bekommen. So sollte es nicht sein, dass ich Oseiras Schätze sehe: die frühgotische *Klosterkirche* (das älteste Gebäude, um 1200 errichtet), die romanische *„Milchjungfrau"* (eine Statue der stillenden Maria), das im typischen Zisterzienserstil sehr schlichte Klosterinnere, den *„Palmensaal"* (um 1600), dessen gewundene Säulen Baumstämmen nachempfunden sein sollen, drei wunderbare *Kreuzgänge*, zwei beeindruckende *Patios*, die prächtige *Ehrentreppe*, das alte *Refektorium* mit gotischer Gewölbedecke und eine schöne *Bibliothek*. Der das Kloster am meisten prägende Baustil ist der Barock. Die *Klosterfassade* stammt aus dieser Zeit. Neben dem geometrischen Kassettenschmuck ziert sie das Wappen mit den beiden Bären – das Kloster Oseira ist nach den spanischen Osos, Bären, benannt, die in den nahen Wäldern gelebt haben. Mir bleibt nur ein Seufzen über die mir entgangenen Augen-Blicke.

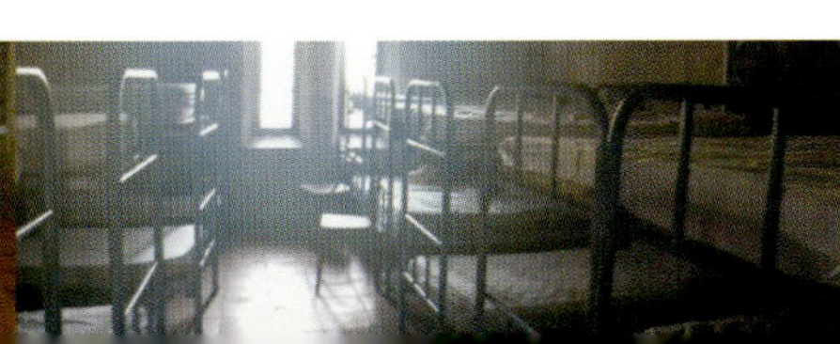

Die äußerst kleinteilig betriebene Landwirtschaft kontrastiert enorm zu den Großgrundbesitzen Andalusiens.

KLOSTER OSEIRA – LAXE

41.
ETAPPE

Die Etappe bis *Laxe* hat 28 Kilometer. Ich gehe sie durch, bis auf einen zehnminütigen Halt. Bei längeren Strecken bewährt sich diese Taktik, weil die Müdigkeit erst beim Sitzen merkbar und durch häufiges Stehenbleiben verstärkt wird. Und ich habe ja, gottlob, mein – gemäßigtes – Tempo gefunden, das ich lange durchhalten kann.

Gleich nach dem Kloster Oseira geht es einen steingesäumten Pfad bergan. Umgebung und Ausblicke sind ein Genuss. Sobald das Landsträßlein erreicht ist, biegt man links in dieses ein und wird von Sandsteinskulpturen und Pfeilen nach *Vilarello* und via *Outeiro*, *A Gouxa* und *Bidueiros* in drei Stunden Wanderzeit nach *O Castro Dozón* geleitet. Der wolkenlose Morgenhimmel, der sich im Lauf des Vormittags mit graphitgrauen Wolken bedeckt hat, heitert sich um die Mittagszeit erneut auf. Genauso wechselhaft wie das Wetter ist die Strecke heute: Es geht ständig bergauf, bergab, auf schmalen Landsträßlein und durch Hohlwege zwischen Feldern, Wäldern und Weiden sowie durch meist sehr kleine Orte. Auch die eine oder andere matschige Passage gibt es – trotzdem trockene Füße zu behalten, ist allerdings nicht schwierig. Die eine oder andere Matschpassage kann dank Grasbüscheln trockenen Fußes überwunden oder umgangen werden. Rund um O Castro Dozón ist etwa fünf viertel Stunden lang der N 525 zu folgen.

In der Umgebung der Dörfer sind immer wieder Frauen in ihren Küchengärten und auf den kleinen Feldern zugange. Nach den vielen Regentagen nützen sie das schöne Wetter für ihre Gartenarbeiten. Heute zirpen auch die Grillen wieder und die Vögel singen – nach der langen Schlechtwetterperiode fällt das sehr auf. In A Gouxa keifen mich zwei Gruppen von je drei freilaufenden Hunden an und ein ungeheuer aggressiver Kettenhund. Ihre Besitzerinnen schauen jeweils ungerührt zu. In Bidueiros ist eine alte, gebeugte Frau dabei, ihre zwei Kühe auf die Wiese zu treiben. Sie, die schwer Arbeitende, bläst die Wangen auf, als ich ihre Frage nach meinem Woher mit „Sevilla" beantworte. Eine riesige Straßenbaustelle lässt mich Böses ahnen, denn meinen bisherigen Erfahrungen gemäß, rechne ich damit, den Anschluss an den Weiterweg nach der Baustelle nur schwer zu finden. Aber wir

Durch Abholzung und katastrophale Waldbrände sind in Galicien vielfach Eukalypten, Ginster und Heidekraut im Vormarsch.

WIE ES AUCH SEI, DAS LEBEN, ES IST GUT. Johann Wolfgang von Goethe

sind in Galicien, wo sehr viel mehr Bedacht auf die Bedürfnisse von Pilgern genommen wird als in den südlicheren Regionen: Hier ist die provisorische Markierung des nun umgeleiteten Pilgerweges vorbildlich. Im winzigen Weiler *Donsíon* (ohne Ortstafel) ist gleich rechts eines der für Galicien typischen steinernen „Doppelkreuze" zu sehen, die auf einer Seite Jesus, auf der anderen Maria zeigen. Dieses uralte Kreuz stellt beide in einer sehr rührenden, naiven Weise dar. Diese *Cruceiros*, Wegkreuze, stehen schon seit gut 700 Jahren. Ihre Vielzahl lässt vermuten, dass Galicien ein ganz vom katholischen Glauben durchdrungenes Land sei. Dabei gibt es hier unzählige Beispiele heidnischer (keltischer) Vorstellungen vom Tod, von Seelenwanderung, Fruchtbarkeitskulte und viele Mythen, die die Kraft der Natur beschwören. Gerade an den Wegkreuzen sollen auch Treffen der *Meigas*, der Hexen, stattgefunden haben. Meigas sind Magierinnen, weise Frauen, die sich ganz auf keltische Traditionen stützen und in ihren Zeremonien die Elemente zu Hilfe rufen. Sie haben auch heute noch regen Zulauf, betreiben ganz offiziell Werbung, haben Sekretärinnen und Büros, auch im Herzen Santiagos.

Eine halbe Stunde später bin ich im 70 Einwohner zählenden Ort *Laxe*. Hier gibt es eine sehr moderne, geschmackvoll ausgestattete *Herberge* (Fotos rechts unten), die 2005 mit einem Architekturpreis ausgezeichnet wurde. Heute werden die hier übernachtenden Pilger die halbe Einwohnerschaft des Ortes übertreffen. Ich frage mich, wo Arnoud, Manuel, Dusty, Rick & Ton, Martin und Roger wohl inzwischen sind.

Am Abend versuche ich, mich zu erinnern, woran ich tagsüber gedacht habe, und stelle fest, dass ich meistens „gedankenlos" war. Am ehesten greifbar sind Gedanken an die Kindheit. Zugleich bin ich aber auch aufmerksam, zumindest was das Schauen anlangt, und ich stelle fast täglich fest, wie sehr ich das Gehen mag – nicht nur in landschaftlich schönen Gegenden. Die Straße gehört genauso dazu wie die Orte, die Städte und von mir aus auch die Vororte. Sehr erstaunlich finde ich die Beschaffenheit meiner Füße: Ihre Haut ist weich und geschmeidig.

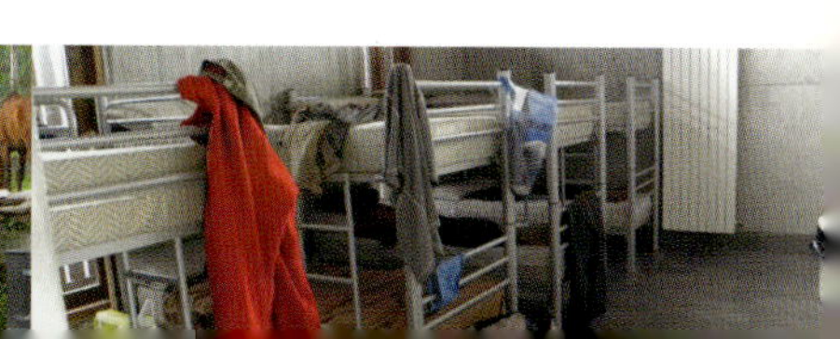

Römerstraße (Calzada Romana) nach der Puente Taboada (10. Jh.) über den Río Deza

LAXE – OUTEIRO

42.
ETAPPE

Heute sind 31,7 Kilometer zu gehen. Als ich aufstehe, ist es noch finster, kalt und sternenklar. Als der Morgen dämmert, gehe ich los. Auf den schattigen Wiesen liegt Reif, auf den von der Morgensonne beschienenen glänzt der Tau millionenfach. Trotz des wolkenlosen Morgens bin ich eher traurig: Mir ist das Ende des Weges zu schnell da, und ich frage mich, ob ich ihn „richtig" gegangen bin, ob ich mich genug geöffnet habe. Ich tröste mich damit, dass ich noch zum Meer weiterwandern werde und dass es in Ordnung ist, mich so in mich zurückzuziehen, weil mir etwas deutlich sagt, dass so vielem nachzuspüren ist (gerade heute ist es mir beschert, Ursache und Sinn eines jahrelangen Schmerzes zu erkennen). Und es zieht mich nun mal am meisten zum All-einsein. Die Traurigkeit wandelt sich im Gehen zu einer tiefen, runden Dankbarkeit, und als eine Tafel den Beginn der Provinz *A Coruña* verkündet, wendet sich mein Blick nach vorn und ich schaue dem Ziel nun freudvoll entgegen.

Weg und Landschaften sind wie gestern: Felder, Küchengärten, Kuhweiden, kleine Dörfer, feuchte Dschungel, einige Male der Randstreifen der N 525, sonst Feldwege und Landsträßlein. Besonders seit Mitte der gestrigen Etappe fällt die durch den Golfstrom bedingte südlichere Flora auf. Zum üblichen Pflanzenrepertoire gesellen sich seither auch Eukalyptuswälder, die eine oder andere Palme, Yucca oder Agave, und es wird wieder Wein gezogen. Sogar ein Orangenbaum und eine Bananenstaude waren zu sehen.

Schon nach drei viertel Stunden nach dem Start stehe ich tief unten im *Deza-Flusstal* auf der völlig intakten, mittelalterlichen Brücke Puente Taboada (Foto oben). Die Brücke ist einer der Höhepunkte des Weges, genauso wie das anschließende Stück der grasüberwachsenen Originalrömerstraße, der *Calzada Romana*, mit den tiefen Spurrillen, denen die Dynamik unzähliger Wagenräder anzusehen ist, als wären sie eben erst hier durchgefahren. Dagegen fällt mir die Dynamik des gegenwärtigen Verkehrs an der N 525, der man mehrmals eine Strecke weit zu folgen hat, heute sehr unangenehm auf: Vor allem Lkws brausen atemberaubend nahe an mir vorbei.

Das Thema Verkehr ist auch in *Ponte Ulla* mehrfach präsent: Über die alte Ponte Ulla haben schon im Mittelalter Reisende über den *Río Ulla* gesetzt. Am Talschluss überbrückt das Eisenbahnviadukt der Linie Zamora – A Coruña eine Länge von 219 und eine Höhe von 86 Metern. So beeindruckend die Ingenieurleistung ist, hat diese

Jakobsstatue an der Fuente de Santiaguiño (Ende 17. Jh.) | Blick vom Pico Sacro (534 Meter) auf das Land im Morgennebel und die Kathedrale in Santiago de Compostela

Brücke in meinen Augen noch ein menschliches Maß, während die Autobahnbrücke, die bald viel höher, breiter, länger das Tal überspannen wird, in ihrer gigantischen Dimension dieses Maß zu sprengen scheint.

Nach einem Stück an der N 525 geht es rechts in einen Forstweg, erst durch schöne Eukalypten, dann durch Kiefern. Pinkfarbige Fingerhüte säumen den Weg. Fünf viertel Stunden nach Ponte Ulla stehe ich vor Kapelle und Brunnen, *Capilla* und *Fuente de Santiaguiño*, bei *A Vedra*. Darauf ist Jakob, von seinen Jüngern Teodoro und Atanasio flankiert, dargestellt. Eine Hypothese besagt, dass diese Figuren von Meister Mateo für den Chor der Kathedrale in Santiago geschaffen wurden. Die Inschrift auf dem Brunnen spielt auf die legendäre Bestattung des Apostels Jakob an: Jakob der Ältere, Sohn des Zebedäus und der Salome, Bruder des Apostels Johannes, soll in den ersten nachchristlichen Jahrzehnten in Spanien missioniert haben und nach seiner Rückkehr nach Palästina auf Befehl von König Herodes Agrippa 44 n. Chr. in Jerusalem geköpft worden sein. Teodoro und Atanasio sollen den Leichnam Jakobs in einer Barke von Jerusalem nach Galicien überführt haben und bei der Mündung des Río Ulla nahe *Iria Flavia*, des heutigen *Padrón*, gelandet sein. Nachdem sie die heidnische Königin Lupa um Erlaubnis gefragt hatten, den Apostel bestatten zu dürfen, schickte diese sie ans Kap Finisterre, wo die beiden – je nach Version der Legende – von einem römischen Legaten oder einem heidnischen Priester eingesperrt wurden. Sie wurden aber von einem Engel aus der Gefangenschaft befreit. Nun befahl ihnen Lupa hinterlistig, für den Transport der Leiche zwei Ochsen vom Monte Ilicino zu holen. Tatsächlich waren die Ochsen Kampfstiere, die sich aber wundersamerweise sofort von den Aposteln vor den Karren spannen ließen, um den Leichnam Jakobs zu seiner Grabstätte nach Santiago zu bringen. Lupa legte dem Begräbnis des Heiligen nun nichts mehr in den Weg und bekehrte sich aufgrund dieses Wunders zum Christentum. Der Monte Ilicino heißt seither *Pico Sacro*, Heiliger Berg.

200 Meter nach der Capilla befindet sich die sehr schöne, 2005 eröffnete *Herberge* von *A Vedra*. Bauart und Ausstattung muten mich ruhig, fast japanisch an. Farbige Akzente verleihen ihr eine freundliche Atmosphäre, und sie ist praktisch und sauber. Für mich steht heute aber noch ein Höhepunkt der Reise an: der Besuch von Galiciens heiligem Berg, des Pico Sacro. Noch am selben Abend sehe ich von dessen Gipfel das erste Mal Santiago de Compostela!

Eukalyptuswald, etwa 15 Kilometer vor Santiago de Compostela

OUTEIRO – SANTIAGO DE COMPOSTELA

43. ETAPPE

Den 534 Meter hohen vulkanartigen Kegel des Pico Sacro krönt ein felsiger Gipfelaufbau. Dies ist ein Ort der Verehrung. Ich bin sicher, dass die Felsen vielfach von Menschenhand behauen sind, und frage mich, welche Rituale hier wohl zelebriert wurden. Weil gestern Abend einige Liebespaare den Sonnenuntergang am Berg genossen haben, mutmaßte ich innerlich schmunzelnd, dass der Berg Stätte eines uralten Fruchtbarkeitskults gewesen ist. Heute steige ich noch vor dem Frühstück den Felsen hinauf zum Gipfel. Über einem Großteil des Landes liegt ein Nebelmeer. Höhere Kuppen ragen wie Inseln aus dem Weiß. Richtung Santiago ist der Nebel nur ein Hauch. Die Türme der Kathedrale sind deutlich zu sehen. Mir ist feierlich zumute und ich empfinde Dankbarkeit: Wann immer mich jemand von zu Hause am Telefon fragt, wie es mir geht, sage ich ehrlich begeistert: „Wunderbar!", und die Intensität dieser Empfindung geht über das Gefühl bei einem gelungenen Urlaub weit hinaus. Welch eine gute Reise! Sie hat mich in verschiedener Weise tiefer verbunden – mit mir, meinem Körper, mit meinen Lieben, meiner Heimat einerseits und den durchwanderten Landschaften andererseits, und sie hat mich „erdiger" gemacht.

Der Weg ab der Herberge von *A Vedra* führt durch einen Eukalyptuswald. Ich freue mich an den Bäumen, ihrer Höhe, ihren Stämmen, ihrer Rinde, den Blättern, dem Himmel, an den Nebelschleiern, den Vogelstimmen, dem Bellen eines Hundes, dem Geräusch eines rückwärts fahrenden Lkws, an der Spiegelung in einer Wasserlacke. Mein Bauchraum fühlt sich ganz warm an und mein Herz weit vor Freude und Zuneigung zu meinen Liebsten und

Der Heilige Berg Galiciens, Pico Sacro (534 Meter)

AM ZIEL DEINER WÜNSCHE WIRST DU JEDENFALLS EINES VERMISSEN: DEIN WANDERN ZUM ZIEL. Marie von Ebner-Eschenbach

Dankbarkeit für dieses Gehen, für diesen Weg und dass mir nur Gutes zugestoßen ist. Meine Stimmung lässt mich vermuten, dass dies meine Ankunft ist – hier und jetzt.

Ich gehe die linke Variante des Weges nach *Susana* – über die mittelalterliche *Ponte Busacos* über den *Río Pereiro*. Das ist die seltener gewählte Alternative, die folglich schlechter markiert ist. Wie schon öfter am Camino helfen mir die Zeichen von Pilgern vor mir weiter. Inzwischen hat sich die Sonne durchgesetzt, und auch die letzten zehn Kilometer vor Santiago geht es durch ländliche Gebiete mit kleinen Weilern.

Bei der *Ermita de Santa Lucia* bezeugt ein bunter Teppich aus Konfetti, Blütenblättern, Reis und Mais, dass hier vor kurzem ein Paar einander das Ja-Wort gegeben hat. Hier deponiere ich einen Text Hermann Hesses über die Liebe.

Nun führt ein Camino Real (königlicher Weg) bergan durch *Angrois*, einen Vorort Santiagos. Eine viertel Stunde später ist der Moment da, in dem zum ersten Mal die Türme der Kathedrale aus der Nähe zu sehen sind. Nun geht es durch die Vorstadt hinunter zum *Río Sar* und über die *Rúa do Sar* hinein zum Ziel der Reise: *Praza do Obradoiro* und zur *Kathedrale* von Santiago de Compostela.

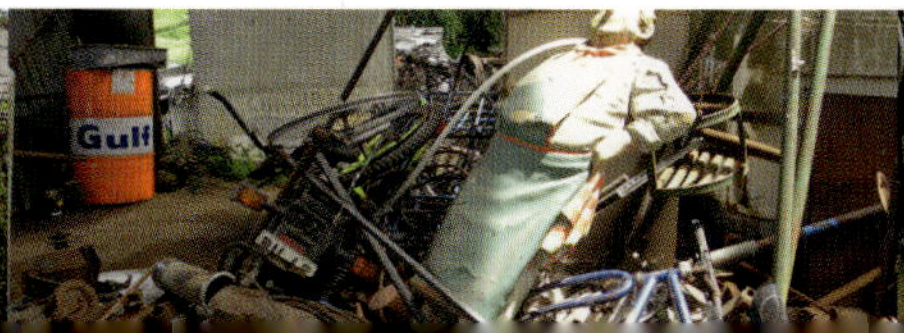

Catedral del Apóstol, Kathedrale von Santiago (1075–1211 erbaut)

SANTIAGO DE COMPOSTELA

Grünes Moos und gelbe Flechten überziehen die Fassade der *Catedral del Apóstol* wie bunter Samt. Mit ihren Türmchen, Vorsprüngen und Nischen erinnert mich der mächtige Bau an einen Felsen, durch dessen verschiedene Tore sich die Apostelfigur vor dem Himmel als Silhouette zeigt. Von 1075 bis 1211 wurde die Kathedrale gebaut, mit 100 mal 70 Metern Außenlänge extra groß dimensioniert, um die Pilgermassen zu bewältigen.

Die Beschreibung ihrer kunsthistorischen Schätze füllt Bücher: das romanische *Südportal*, das barocke *Nordportal*, die nur in Heiligen Jahren geöffnete *Pforte der Vergebung*, deren Durchschreiten Ablass von allen Sünden bedeutet, die zwei 75 Meter hohen *Türme* und der 72 Meter hohe *Uhrturm*, in dem eine der größten Glocken der Welt – 20 Kilometer weit hörbar – geläutet werden konnte, und die berühmte spätbarocke *Westfassade*, ihrer kunstvollen, detailreichen Ausführung wegen *Obradoiro*, Goldschmiedearbeit, genannt. In diesem üppig ornamentalen Bühnenbild spielen Jakob und seine zwei Jünger die Hauptrolle. Hinter der Barockfassade verbirgt sich eine nahezu vollständig romanische Kathedrale und vor allem eines der eindrucksvollsten Kunstwerke der Romanik überhaupt: der *Pórtico de la Gloria*, vom berühmten Bildhauer Meister Mateo zwischen 1166 und 1188 als Figuren übersäte Verbildlichung der Offenbarung des Johannes (Off 4,1 – 6; 5, 8) geschaffen, laut der Jesus auf seinem himmlischen Thron von 24 musizierenden Ältesten umgeben ist. Jesus zu Füßen sitzt der Apostel Jakob mit Buchrolle und Pilgerstab. Darunter fallen im Marmor fünf tiefe Löcher auf: Es ist ein Handnegativ

Abendlicher Blick Richtung Westfassade

– eine „emotionale, expressionistische Klaue, die Millionen Hände (...) geschaffen haben. (...) Ein Gedanke wird sichtbar in Materie: Das ist immer wundersam. Die Kraft einer Idee trieb Fürsten, Bauern und Mönche dazu, ihre Hand genau an der Stelle an die Säule zu legen, jede einzelne Hand nahm dabei eine verschwindend kleine Menge des harten Marmors mit, wodurch, eben weil dieser Marmor nicht mehr da war, eine Hand sichtbar wurde" (Nooteboom, 7).

Im Kirchenschiff ist der *Hochaltar* größter Blickfang. Das barocke Gebilde aus Alabaster, Jaspis und Silber dominiert die steinerne *Apostelskulptur* in einer edelsteinbesetzten Pelerine aus Gold und Silber. Darüber wird der Apostel noch einmal als Pilger gezeigt und zuoberst als berittener Maurentöter. Das theatralische Spektakel krönen riesige Engel. Eine schmale Treppe führt hinter die goldbemäntelte Jakobsfigur, eine andere hinunter in die *Krypta*, worin der silberne Sarg für die Gebeine Jakobs aufgestellt ist. Die Steinstufen sind von unzähligen Füßen bucklig und rund getreten. Ich gehe außen und innen herum, den 18 Kapellen entlang, und ich gebe zu: Trotz der Kunstschätze ist dies für mich nicht der Sehnsuchtsort meiner Reise. Ich glaube nicht, dass der Apostel Jakob hier begraben liegt. Das ist aber nicht wichtig für mich, weil ich diesen Weg nicht seinetwegen gegangen bin. Wenn diese Kirche auch nicht meine Sprache spricht, so betrifft mich doch darin „das Unwägbare, das andere Menschen in diesem Raum glauben und vor allem geglaubt haben" (Nooteboom, 17).

Praza do Obradoiro – Platz des goldenen Werks – rechts: die Barocktreppe von Ginés Martinez, im Auftrag Maximilians von Österreich im 17. Jh. erbaut

Weil das weltgrößte, 53 Kilo schwere, versilberte Weihrauchfass, der berühmte *Botafumeiro*, nur im Heiligen Jahr geschwenkt wird, erlebe ich nicht mit, wie das Fass an seinem 35 Meter langen Seil von acht Mann manipuliert mit einer Geschwindigkeit von fast 70 Stundenkilometer und in einem Winkel von über 80 Grad bis auf einen halben Meter an die Kuppeln des Querschiffs hochpendelt. Zwei Mal ist es über das Ziel hinausgeschossen. Der Weihrauchduft soll im Mittelalter ganz profan darin begründet gewesen sein, den strengen Geruch der Pilger nach monatelanger Wanderschaft zu überdecken. Für sie war diese Pilgerreise eine Reise ins Ungewisse, strapaziös und gefahrvoll. Heute sind die Risiken minimiert und moderne Herbergen, ein funktionierendes Versorgungsnetz, Wegmarkierungen, Brunnen und dergleichen mehr mindern die Strapazen. In Internetforen kann sich der Pilger allabendlich aktuellste Tipps zur nächsten Etappe holen. Am Camino Francés sind sogar 22 Webcams installiert. Trotzdem: Als sich zur täglichen Pilgermesse um 12 Uhr die Kirche mit mehr Pilgern füllt, als die Kirchenbänke Platz bieten, und vor jeder Bank etliche hohe Rucksäcke (siehe Seite133 unten) stehen, rührt mich der Anblick, denn all diese Menschen haben – Webcams hin oder her – Mühen und Entbehrungen auf sich genommen. Weil es Mühe ist, mit acht, dreißig oder (auf dem Camino Francés) sogar hundert anderen Menschen in einem Raum zu schlafen, täglich, egal ob bei Hitze, Regen oder Schneefall, sechs oder zehn Stunden zu gehen, über Pässe oder tagelang durch monotone Weiten, am Rand verkehrsreicher Straßen oder durch Industriegebiete, und dabei einen Rucksack mit mindestens zehn Kilogramm Gewicht zu tragen. Manche von ihnen haben den Weg in Tranchen geteilt und die Urlaube mehrerer Jahre diesem Projekt gewidmet, andere sind von zu Hause weggegangen, aus Deutschland, Holland, Frankreich, Italien, andere haben die Reise ihren physischen Möglichkeiten gemäß erleichtert, aber alle sind auf ihre Weise hierher gereist, um etwas für sich zu klären, um ein erstrebtes Ziel zu erreichen. Die Wünsche des mittelalterlichen und des modernen Pilgers sind sicher andere, aber etwas von deren emotioneller Intensität ist spürbar in dieser Kathedrale – für mich aber noch viel mehr auf dem Platz davor.

Dorthin gehe ich jetzt – hinunter über die doppelläufige *Barocktreppe* an der Westseite der Kathedrale. Sie war der erste Schritt zu ihrer Barockisierung. Beauftragt wurde sie von Maximilian von Österreich, der Erzbischof von Santiago war – als Bastard des Kaiserhauses ohne eigene Einkünfte war er für diese Position prädestiniert (Höllhuber, 199). Nun stehe ich auf der *Praza do Obradoiro*, dem Platz des goldenen Werks. Er wird immer wieder

Abschiede und Wiedersehen an der Praza do Obradoiro, wie das von Anita Trenczek und Ihsan Alisan

als einer der schönsten Plätze Europas bezeichnet. Tatsächlich ist der riesige Platz an allen vier Seiten von einem prachtvollen Gebäude umgeben: der Kathedrale, dem *Hostal Real*, heute ein Luxushotel, dem arkadengesäumten *Palacio de Rajoy*, dem Rathaus Santiagos, und dem *Colegio de San Jerónimo*, Sitz des Universitätsrektorats.

Weit mehr beeindruckt mich der Platz aber emotional: „Beweisen lässt es sich nicht und trotzdem glaube ich daran: An manchen Orten der Erde erhält auf geheimnisvolle Weise die eigene Ankunft oder Abreise durch die Empfindungen all jener eine besondere Intensität, die hier früher einmal angekommen beziehungsweise wieder abgereist sind" (Nooteboom, 7). Für Millionen Menschen, die seit 1000 Jahren nach Santiago gepilgert sind, ist hier der Kristallisationspunkt ihrer Sehnsüchte. Etwas davon ist spürbar an dem Platz und sichtbar im Verhalten der nie endenden, neu ankommenden Pilgerschar. Manche bleiben erst mal lange reglos und schweigend stehen, setzen oder legen sich dann auf den Platz, manche stundenlang. Andere setzen sich auf den Boden vor den Arkaden. Ein Mann hat seine Gitarre mitgetragen und spielt immer wieder ein Lied. Eine junge Deutsche ist den Camino Norte gegangen. Sie schreibt versunken in ihrem Tagebuch. Da nähert sich ein junger Mann, sie springt mit einem Schrei auf und die beiden fallen einander um den Hals. Ein Paar in den Vierzigern sitzt ineinandergeschmiegt da, mit einer derart freudvollen Ausstrahlung, dass andere sie wiederholt bitten, sie fotografieren zu dürfen. Ein Pilger liegt den ganzen Nachmittag reglos auf dem Platz, den Hut vor dem Gesicht, nur einen Stock mit Kürbis und Muschel neben sich. Als er sich am Abend erhebt, zeigt sich, dass „er" eine kleine zierliche Japanerin ist. Ein Mann präsentiert stolz seinen Hund, der ihn am Camino begleitet hat. Mehrere Radpilger strecken sich am Boden aus. Ein Paar begrüßt einen Freund mit herzlicher Umarmung, andere verabschieden sich, langsam, zögerlich. Ein farbiger Pilger, der sofort als ein während der Reconquista bekämpfter „Maure" durchgehen könnte, betritt zielstrebig das Luxushotel Santiagos. Dauernd bilden und lösen sich neue Gruppen, die beisammenstehen oder -sitzen. Die Pilger „bewohnen" den Platz wie ihr Zimmer – der gegangene Weg gibt das Recht und die Sicherheit dazu. Offenbar sieht das auch die Stadtverwaltung so. Sie hat nur am Rand Devotionalienverkauf erlaubt und den Platz frei gehalten von „Frömmigkeit als Kommerzartikel" (Nooteboom 237). In Santiago haben die Pilger Platz – einen, der ihrer Ankunft, ihren Gefühlen, ihrer Rast und Begegnung gehört.

Max Karner und Harold Jepson | Straßenmusikband

Meine Pilgerfreunde haben mich – der zeitaufwendigen Wegdokumentation wegen – längst überholt. Ich bin gern allein, aber hier vermisse ich das Teilen von Empfindungen und Erfahrungen mit Weggefährten heftig und verbringe einen sehr einsamen Vormittag. Gefühle zu leben und zu teilen ist ein Wert, der sich deutlicher als je zeigt. Ich höre daraus die Botschaft, mich mehr zu öffnen. In der Stimmung spreche ich das Paar an, das mir gestern so aufgefallen ist. Wenig später sitze ich in ihrer Gesellschaft in einem der luxuriösesten Hotels Spaniens bei Lamm, Wein und Dessert. Der Parador war 1499 als *Hostal Real de los Reyes Católicos*, als Hospiz von den Katholischen Königen, gegründet worden. Noch heute hält das Hotel die jahrhundertelange Tradition aufrecht, täglich die jeweils ersten zehn Pilger, die eine Kopie ihrer Credencials vorlegen, zu Frühstück, Mittag- oder Abendessen einzuladen. Die Deutsche ist im letzten Jahr vier Jakobswege gegangen, um einen großen inneren Schritt zu vollziehen. Man sieht, dass es er ihr gelungen ist. Am Nachmittag kaufe ich das mir in Sevilla versprochene Kleid, eines mit indianischen Mustern.

Ich hatte zwar gewusst, dass zwei junge Männer aus meinem Freundeskreis etwa gleichzeitig den Camino Francés gehen, aber unser Treffen war unwahrscheinlich. Nun begegnen wir uns zufällig am Platz vor der Kathedrale. Ich kenne beide seit ihrer Geburt, in dem Haus, in dem sie aufwuchsen, hatte einst mein Urgroßvater sein Geschäft.

Martin trägt auf seinem blonden Haar einen Sonnenhut, auf dessen hochgeklappter Krempe er eine Anstecknadel mit Jakobsmuschel platziert hat. Ein Freund stülpt ihm den Hut flugs so auf den Kopf, dass die Muschel vorn ist – wie eine schelmische Krönung zum Jakob der Jetztzeit. Mit diesem Outfit wirkt er wie die vollkommene Personifikation eines jungen „Camino-Feelings". Angesprochen auf seine Ausstrahlung sagt er: „Ja, ich bin auch glücklich – eigentlich wie noch nie!" Auf dem Camino hätten sich die merkwürdigsten „Zufälle" ereignet, denn auf diesem Weg sei alles möglich.

Riesenrad und kulinarische Verlockungen im Vergnügungspark Alameda

NIEMAND IST EINE INSEL. NO MAN IS AN ISLAND. John Donne

Sein Weggefährte ist Max. Mit ihm hat er den Weg schon seit zwei Jahren geplant. Max ist Logistiker bei einer Spedition, er organisiert und telefoniert mit internationalen Partnern, muss stressresistent sein und ständig Multitasking betreiben. Er kennt die Grundstückspreise auf Mallorca und die besten Sushi-Lokale in Tokyo. Auch ihm hat der Weg sehr gut gefallen. Die zwei sind nicht aufeinander geklebt, so gehen sie auch nach drei Wochen völlig entspannt miteinander um.

Sie erzählen mir von einem ihrer Lieblingspilger – dem 77-jährigen Harold, einem nach Kanada emigrierten Engländer, Weinliebhaber und vielfachen Familienvater, der den Camino Francés fünf Mal gegangen ist – nach seinem 71. Geburtstag! Wenig später sehen ihn Max und Martin in der Menge vor uns und stürmen auf ihn zu. Bei ihm sind seine Weggefährten, Gabi aus Kärnten und Juan, ein Rechtsanwalt aus Madrid. Dank Juan, der kulinarischen Spürnase der drei, ist bald ein Lokal gefunden, wo wir mit einem hervorragenden Wein das Treffen feiern. An unserem Tisch unterhalten sich sechs Personen in drei Sprachen. Juan spricht nur spanisch, Gabi kaum welches, Harold dolmetscht. Harold, auf die Wiederholung des Camino Francés angesprochen, sagt: „It's a continuation, not a repetition! It is each time totally different – I, the weather, the people are different, every day." Harold ist sehr beliebt am Camino. Im Laufe unserer langen Feiernacht wird er immer wieder von Pilgern umarmt. In einer anderen Bar kommen Gabi und ich auf den Prozess der Schmerzverarbeitung zu reden. Sie überlegt, ihre am Weg gemachten Erfahrungen im Bereich Training für Führungskräfte einzubringen. Man sieht ihre Lebensfreude – besonders im Tanzlokal, wo wir schließlich landen. Wir Pilger stürmen sofort die Tanzfläche – Harold mit 78, Martin und Max um die 25, Gabi und ich um die 45 und Juan mit 58 Jahren – und tanzen in unseren abgetragenen Pilgerklamotten, mit all unserer ergangenen Power – als Einzige im „coolen" Lokal voller junger Besucher. Ja, wir feiern, uns, den Weg, die Freude, das Da-Sein. So war es, unser wundervolles Santiago-Fest!

Entree des Paradors Hostal de los Reyes Católicos (1492 erbaut, Fassade Ende 17. Jh.) | Praza das Praterías mit Fuente de los Caballos und Casa del Cabildo (18. Jh.)

Die Flechten auf den Fassaden haben ihren Grund: Santiago ist die regenreichste Stadt Spaniens. Sie ist Pilgerziel seit tausend Jahren und starker Tourismusmagnet. 1985 wurde sie zum UNESCO-Kulturerbe der Menschheit erklärt und war zur Jahrtausendwende Kulturhauptstadt Europas. Außerdem ist sie die Hauptstadt Galiciens, Sitz des katholischen Erzbischofs und Universitätsstadt mit 40.000 Studenten. Obwohl sie 997 vom Maurenführer Al Mansur (Almansor) zerstört worden war, erhob sich die Stadt nach drei Jahren aus der Asche. Die mittelalterliche *Villa Sancti Iacobi* wurde im 16. und 17. Jahrhundert fundamental umgestaltet. Die damaligen Stadtplaner ließen zwar viele schmale Gassen, öffneten aber große Plätze zwischen den wichtigsten Bauwerken. Der Barock ist heute der prägende Stil der Altstadt. Mit dem Mittelalter und am Stadtrand beginne ich meinen Rundgang und nähere mich in einer schneckenhausähnlichen Spirale quer durch die Zeiten dem Zentrum.

An der romanischen Klosterkirche *Santa María la Real de Sar* am *Río Sar* interessieren vor allem außergewöhnliche Säulenkapitelle, die der Werkstatt des Meisters Mateo zugeschrieben werden, und die beeindruckende Neigung der Kirchenwände und ihrer Säulen. Ihr Auseinanderfallen verhinderten massive Stützpfeiler, die im 18. Jahrhundert angebracht wurden. Innerhalb der Altstadt komme ich an den klassizistischen Gebäuden der *Universität* vorbei, die die Bibliothek und das Rektorat der Fakultäten für Philosophie, Literatur und Jurisprudenz beherbergen. Wenige Schritte weiter, neben den Markthallen, steht eine rührende kleine Kirche, die *Iglesia San Fiz de Solovio*, die älteste Kirche Santiagos. Der Legende nach soll hier der Eremit Pelayo gelebt haben. Einem anderen Pelayo, dem mythischen König Asturiens, der schon um 722 im asturischen Covadonga erstmals einen Sieg über ein islamisches Heer errang, ist um die Ecke ein Denkmal gesetzt. Leider versäume ich es, einen kleinen Abstecher zum Park *Santo Domingo de Bonaval* zu machen, in dem Skulpturen von Eduardo Chillida zu sehen sind. Die *Praza de Cervantes* überblickt die Büste des großen Dichters auf einer hohen Säule. Dann bin ich auf der in der Barockzeit geschaffenen *Praza da Quintana* (eine Tautologie: *Quintana* heißt Platz, *Praza* ebenfalls), auf dessen Südseite die *Casa de Donga* (1709 erbaut) steht. Gleich um die Ecke steht an der *Praza das Praterías*, dem Platz der Silberschmiede, der *Fuente de los Caballos*, der Pferdebrunnen, und dahinter die prächtige *Casa del Cabildo* (18. Jh.), das Haus des Kathedralkapitels. Nun biege ich rechtwinkelig ab und besuche das Pilgermuseum, *Museo das Peregrinacións*, im sogenannten „Gotischen Haus“, dem *Palacio de Don Pedro*

Colegio Mayor de Fonseca (16. Jh.) | *Alameda*

an der *Praza da San Miguel*. Die acht Säle widmen sich der Wallfahrt als weltweitem Phänomen, der Jakobslegende, der Baugeschichte Santiagos und seiner Kathedrale, der von Hospizen, Kirchen, Brücken, Orten und Städten am Weg, den Orden und Burgen zum Schutz der Pilger, der *„Compostelana"*, dem traditionellen Pilger-Outfit, den verschiedenen Darstellungen Jakobs, den Pilgerrouten, die eine Landkarte aufgrund historischer Berichte ab dem 12. Jahrhundert illustriert, und den Pilgerführern. Der erste, Buch V des „Codex Calixtinus", wurde bereits im 12. Jahrhundert verfasst. Im späten 15. Jahrhundert erschien der erste auf Deutsch: „Die Walfart und Strass zu Sant Jacob" des Mönches Hermann Künig von Vach, der seine praktischen Informationen zu Entfernungen, Währungen, Hospizen in Versform präsentierte. Sein Pilgerführer erschien in mehreren Auflagen und war ein großer Erfolg.

Dem Nordtor der Kathedrale gegenüber, an der *Praza de Inmaculada*, dem Platz der Reinen, steht das ehemalige Benediktinerkloster *San Martín Pinario*, das das zweitgrößte Sakralgebäude der Stadt ist. Sein goldglänzender, hochbarocker Altar (um 1730), ein Werk des berühmten Schöpfers der Westfassade der Kathedrale, Fernando Casas y Nóvoa (1738 – 1750), ist ein Pflichtprogramm für Kunstliebhaber. Wenige Schritte weiter bieten die Geschäfte in der Straße *La Azabachería* Schmuck aus *Azabache*, schwarzem Jettstein, an – ein traditionsreiches Souvenir aus Santiago, das auf den Jettstein-Handel ein Monopol hatte. Der heute als Rathaus genutzte *Palacio Rajoy* aus dem 18. Jahrhundert an der *Praza do Obradoiro* beherbergte das Seminar der Beichtväter der Kathedrale, Sitzungssäle des Konsistoriums, Räume für die Chorknaben und ein Gefängnis – eine ungewöhnliche Mischung. Aus der *Rúa do Vilar* biege ich wenig später ein in den wunderbaren Innenhof des *Colegio Mayor de Fonseca*, der im 16. Jahrhundert von Erzbischof Alonso III. de Fonseca gegründet wurde. Er besticht mit seiner Renaissancefassade und dem großartigen Kreuzgang. Heute ist darin die Fakultät der Wirtschaftswissenschaften. Durch die *Rúa do Franco* schlendere ich nun aus dem Zentrum heraus, entlang der in den Schaufenstern der Restaurants ausgestellten Köstlichkeiten: rosa Kraken, Tintenfische, Seespinnen, Venus- und Jakobsmuscheln, Forellen, gigantische Schweine- und Rinderfilets, gelbe Käselaibe. In Aquarien schwimmen Langusten und Hummer, und Veuve Clicquot, Moët et Chandon & Co. sollen auch der luxuriöseren Feierlaune gerecht werden. Die im Süden omnipräsenten Schweinshaxen und Würste fehlen aber. In der grünen Oase *Alamedas* klingen diese reichen Tage aus.

Blick von der Puente Maceira (14. Jh., im 18. Jh. restauriert) mit (v. l. n. r.) mittelalterlichem Anwesen, restaurierten Mühlen, Restaurant/Privatherberge „Puente Maceira“

SANTIAGO DE COMPOSTELA – NEGREIRA

44. ETAPPE

Der Weg aus Santiago beginnt an der *Praza do Obradoiro*, die schräge Rampe beim Parador hinunter, durch die *Rúa das Hortas* und die *Rúa Poza de Bar* zur *Carballería de San Lourenzo*, einem kleinen Park mit knorrigen, alten Eichen. Merkwürdigerweise geizt die Pilgerstadt mit Wegmarkierungen für Pilger, erst hier beginnen sie wieder. Bald danach führt eine romanische Brücke über den Bach – der Weg aus der Stadt ist kurz. Es ist warm, feucht, grünblau und duftend zwischen den Eukalypten. Von hier sieht man zum letzten Mal auf die Kathedrale. Ich danke der Stadt und löse mich nur widerstrebend von ihr – etwas von mir „hängt“ noch an diesem großartigen Ort. Aber: ich kann ja wiederkehren – „it's a continuation, not a repetition!“, sagte Harold. Vielleicht.

Mitten in meiner sentimentalen Rückschau spüre ich wieder den Segen des Gehens, die Freude am Weg, und damit wendet sich mein Fokus vom Dort zum Hier und Jetzt. Es ist schwül, einmal regnet es kurz. Meine heutige Pilgerpost lautet, „Alles fließt!“ In Anbetracht des Aufstiegs durch den zwischen Eukalypten ansteigenden Hohlweg und der feuchten Wärme ließe sich das auch anders verstehen. Dieser erste Wegabschnitt durch Eukalyptuswälder gefällt mir ausgesprochen gut, umso mehr, als er mit glitzernden Glimmerplättchen übersät ist. Das und etliche vom Meer zurückwandernde Pilger, deren Ausstrahlung so auffallend freud- und kraftvoll – „strahlend“ – ist, erscheinen mir fast Grund genug, warum der Jakobsweg auch „Sternenweg“ heißt. Der tatsächliche Grund dafür ist aber folgender: Nach alten Vorstellungen haben die Sterne der Milchstraße wie ein Kompass den Seelen den Weg zum „Paradies“ gewiesen, das man sich am äußersten Ende der Welt vorstellte. Für den mittelalterlichen Menschen war der äußerste Rand jener flachen Scheibe, für die er die Erde hielt, in *Finis Terrae*, wie die Römer den Ort nannten, erreicht, dem galicischen *Fisterra* oder kastilischen *Finisterre* – dem Ende der Welt. Weil der Jakobsweg unter der Bahn der Milchstraße bis Fisterra verläuft, wurde er zum „Sternenweg“. Viele Ortsnamen auf dem Camino Francés spielen auf den Stern an, und Sterne sollen ja Pelayo auch zum Apostelgrab geführt haben.

Das zweite Teilstück geht auf einer Landstraße durch verschiedene Orte, überwiegend mit kleinbäuerlichen Gehöften und einigen großzügigen, mit modernster Technik ausgestatteten Steinvillen, die oft traditionelle *Cruceiros*, Steinkreuze, und *Hórreos* im gepflegten Garten haben. Offenbar lassen sich viele Wohlhabende aus Santiago gern hier nieder. Auch Reihenhaussiedlungen und weniger aufwendige Neubauten sind da und dort zu sehen. Als drittes Teilstück folgt ein Hohlweg und eine Straße teilweise durch Eukalypten, am Ende bergab zum Ort *Puente Maceira*, so benannt nach der gotischen Brücke über den breiten *Río Tambre*. Der idyllische Ort hat mehrere restaurierte Mühlen, und auf der anderen Flussseite befindet sich ein mittelalterliches Anwesen in einem Park sowie eine Kapelle für San Blas, den Schutzpatron der Atemwege, die *Capilla de San Blas* (18. Jh.). Seiner gedenken die Gläubigen Spaniens am 2. Februar, wie in *Xunqueira de Ambía*, teilweise mit großen Festen. Das Restaurant am Flussufer fungiert auch als Privatherberge. Dort zu nächtigen, ist eine überlegenswerte Alternative. Die nächste halbe Stunde geht es sehr ansprechend durch den Wald am Ufer des *Río Tambre* entlang. Die Schwüle des Tages entlädt sich nun in einem heftigen Gewitter. Das Dunkel des grünen Waldes untermalen dramatische Donner und durchzucken helle Blitze. In der Nässe glänzt das Schwarz der Nacktschnecken am Weg. Im Regen wandere ich weiter durch Wiesen nach *Barca* und von da in einer halben Stunde auf einer Straße nach *Negreira*.

In der Umgebung Negreiras belegen ein Megalithkomplex, Dolmen und Reste keltischer *Castros* frühgeschichtliche Besiedlung. In römischer Zeit wurden hier Silberminen betrieben. 979 überfielen Normannen die galicischen Küsten und löschten die Stadt aus. Ab 1113 wurde Negreira wieder aufgebaut. Das mir eher prosaisch erscheinende Ortsbild (der Regen mag dazu beitragen) wird aufgelockert von mehreren romanischen Kirchen, dem Herrenhaus *Pazo da Albariña* und der *Pazo do Cotón* (14. Jh., im 17. Jh. erneuert). An seinen mittelalterlichen Ursprung erinnern die zylindrischen Türme und die drei Arkaden, die an der *Porta da Capela* die Straße überspannen. Die obere Mauer ist zinnenbewehrt. Die Herberge liegt etwa eine halbe Gehstunde vom Zentrum entfernt, bergauf, an der Straße nach *Noia*.

Shelia Szentler und Lindsay Pilon

NEGREIRA – OLVEIROA

45.
ETAPPE

Nach vielen tausend Fotostopps dürfte sich nun, nach dem Höhepunkt Santiago, meine Müdigkeit melden. Jedenfalls bescheren mir eine große Mattigkeit zusammen mit kühlen, fast unausgesetzten Regenschauern und einer 32 Kilometer langen Etappe einen sehr mühsamen Wandertag. Wie muss der Weg erst für meine mittelalterlichen Vorgänger gewesen sein? Ich denke oft an sie, wie sie hier gegangen sind, in Lumpen oder gut gekleidet, Lieder singend, betend, mit dem Stock in der Hand, der Muschel als Zeichen auf dem Hut, an diese gigantische Völkerwanderung bis ans „Ende der Welt", daran, dass die Pilger auch zurück zu Fuß gingen, und an ihre Motive, die so anders waren als die heutiger Pilger. Ihnen begegne ich seit Santiago viel häufiger. Immer wieder ergeben sich Gespräche am Weg. Trotz des schlechten Wetters sind alle gut gelaunt. Die junge Amerikanerin Shelia ist den Camino Francés gegangen, ihre Freundin Lindsay ist ihr nach Santiago nachgeflogen und nun wandern sie gemeinsam zum „Ende der Welt". Shelia hat unterwegs viele Freunde gefunden, auch die möchten die jungen Frauen auf ihrer anschließenden Europareise besuchen. Shelia sagt über den Camino „I just loved it!" und abgenommen hat sie auch einige Kilo, fügt sie lachend hinzu. Zwei Engländer sind in fünfunddreißig Tagen von Saint-Jean-Pied-de-Port hierher gewandert. Ich erzähle ihnen von der Wetterprognose, die mir ein Spanier vorhin aufmunternd zugerufen hatte – morgen soll die Sonne scheinen. Da lacht der eine und sagt, dasselbe hätte ihnen ein Spanier für heute prophezeit. „I think they just want to keep us happy", meint er und dass die Hoffnung zuletzt stirbt. Dann fotografiere ich eine Gruppe irischer Pilgerinnen, Expertinnen in Sachen Regen: Das galicische Wolkenaufkommen wird in Europa nur vom nordirischen und schottischen übertroffen. Mein Angebot, sie zu fotografieren, nehmen die „waterproof Ladies" gern an. Eine sagt gleich, wie der Titel der Gruppenfotos lauten soll: „A happy group!"

Die Etappe führt heute meist auf Landstraßen durch wenig abwechslungsreiches landwirtschaftliches Hügelland, über Hochebenen und durch kleinste Bauerndörfer. Von *Negreira* durchwandert man das dichte Grün galicischer Wälder mit Eichen, Farnen, Eukalypten, Kastanien, Efeu und Stechpalmen bis *A Pena*. In *Vilaserío* ist eine

Die letzten drei Wandertage, der erste mit sechs, die zwei letzten mit je acht Stunden Gehzeit, sind nicht unanstrengend.

ÜBER RAUE PFADE ZU DEN STERNEN. Johann Wolfgang von Goethe

Herberge. Ein deutscher Pilger tritt eben heraus und meint, sie sei alt, aber sauber und in Ordnung. Eine Herbergsmutter sähe gelegentlich nach dem Rechten, die Nächtigung koste nur eine Spende. Viele Wegsteine zählen die verbleibenden Kilometer zum Meer – den Countdown empfinde ich als eher lästig, umso mehr als ich um 14 Uhr noch immer vier bis fünf Gehstunden vor mir habe. Dagegen gefällt mir, dass fast jeder Wegstein dekoriert ist mit Steinen, einem Farnkraut, einem Ginster- oder Erikazweig. Von *Cornado* wandere ich auf Feldwegen durch das weite Hochplateau der Region *Xallas* bis *Bon Xesús*, am Fuße des höchsten Berges der Region, dem *Monte Aro* (561 Meter). Auch auf seinen Flanken rotieren Windräder – die atlantischen Winde begünstigen diese hierorts häufige Form der Energiegewinnung. Von der Anhöhe oberhalb *Vilar do Castros* blickt man auf den *Embalse de Fervenza*, einen Stausee zwischen landwirtschaftlich genutzten Hügeln, auf denen schwarz-weiße Kühe grasen. Die extreme Kleinteiligkeit der Landwirtschaft zeigt der Flickenteppich aus den verschiedenen Grüntönen der Felder und Weiden und dem Schwarzbraun der Äcker. Als sich die Regierung bemühte, die Effizienz der landwirtschaftlichen Nutzung zu steigern, hatte sie bei 600.000 Hektar galicischen Bodens mit 290.000 Grundbesitzern zu verhandeln. Die vielen winzigen Bauerndörfer am Weg sind weniger hübsch als vielmehr von bäuerlicher Zweckorientierung geprägt. Die hiesigen *Hórreos* sind aus Stein gebaut und bis zu zehn Meter lang. Nach dem Ort *Lago* geht es die letzten eineinhalb Stunden auf Straßen bis *Olveiroa*. Unterwegs, vor dem Friedhof von *Corzón*, beeindruckt mich ein bemoostes Wegkreuz.

Die ausnehmend nette *Herberge* Olveiroas ist im Zentrum des sympathischen Ortes in drei renovierten Steinhäusern mit blitzblau gestrichenen Tür- und Fensterläden untergebracht. Sie hat einen beheizbaren Aufenthaltsraum, eine ausgestattete Küche, im großen Haus zwei Schlafsäle und kleinere Schlafräume im Nebengebäude. Hier kocht die Herbergsmutter und es gibt auch ein Lokal im Ort. Abends reißt die weiße Wolkendecke stellenweise auf und lässt auf Sonne für die letzte Etappe zum Kap hoffen.

Blick vom Cruceiro de Armada (auf 247 Metern) auf die Bucht Ría de Corcubión mit den Orten Cée und Corcubión, ganz rechts: Cabo Finisterre

OLVEIROA – FINISTERRE

46. ETAPPE

Mein letzter Wandertag. Kaum zu glauben. Nun freue ich mich doch auf das Ankommen. Auch wenn es eines im Nebel werden sollte. Um 8:08 Uhr bin ich „on the road" – heute sind über 31 Kilometer zu gehen.

Nach Olveiroa biegt man links in einen Weg, der mit zeitweiligem Blick auf den aufgestauten *Río Hospital* durch eine schöne Heidelandschaft fast bis auf den *O Simo* (413 Meter) hinaufführt. Am Wegrand liegen stellenweise sehr kompakte, scharfkantige Steine, deren dunkles Grün hellblaue Ränder hat: Vulkanite – diese Gegend war einst vulkanisch! Früher musste der Bach im Talgrund über Steine überquert werden, jetzt erleichtert dies eine Brücke. Auch der Weg durch das folgende Tal nach *Hospital* ist sehr hübsch.

Bei einem doppelten Wegkreuz teilen sich die Wege nach *Murxia* oder nach *Finisterre*, wohin ich mich wende. Nach einem kurzen Straßenstück an der Fabrik vorbei, biegt man rechts in den Feldweg, der durch Ginster und Föhren bergab führt. Hier müsste zum ersten Mal das Meer zu sehen sein. Ich halte bei jedem Perspektivenwechsel aufgeregt Ausschau. Ich ahne seine Nähe und habe weiche Knie, wenn ich daran denke.

Ich komme an einem Kreuz vorbei. Auf seinem Sockel türmen sich Steine, die Pilger hier abgeladen haben, im Wunsch, sich von Sorgen zu trennen, sich von etwas zu verabschieden. Manche bringen dafür Steine von zu Hause mit, Briefe oder persönliche Votivgaben. Schon die Römer und Kelten sollen mit Steinlegungen ihre Weggottheiten beschworen haben. Die heidnische Sitte wurde ohne weiteres in die christliche Wallfahrt integriert. Sie wird auch am Camino Francés gepflogen, etwa am Cruz de Ferro vor Ponferrada. Wovon möchte ich mich mit dieser Geste lösen? Mir fällt nur diese oder jene meiner Verhaltensweisen ein.

Am Weg liegt die *Ermita de Nuestra Señora de las Nieves*, Unsere Frau vom Schnee. Auf dem Altar im Freien häufen sich Votivgaben der Pilger – wertlos und rührend. Dann quert der Weg einen Berghang mit jungen Kiefern. In vielen Jahren wird der Pilger hier in einem Wald wandern. Wäre hier schon das Meer zu sehen? Ich sehe stattdessen grünes Land unter einem weißen Himmel und einen Windpark auf der entfernten Hügelkette, wobei alle Konturen und Farben durch den Nebel weich gezeichnet sind. Heute sind viele Pilger unterwegs. Fast

DER ZWECK DES LEBENS IST DAS LEBEN SELBST. Johann Wolfgang von Goethe

alle gehen „für sich“, erscheinen mir eher zurückgezogen. Das ändert sich völlig, als wenig später, beim alten Kreuz *Cruceiro da Armada* – endlich und wirklich – das Meer zu sehen ist, das wundervolle MARE ATLANTICO! Seit ich das Meer als Kind zum ersten Mal sah, hat mich sein Anblick nicht mehr so bewegt. Zu meinem Empfinden mag beitragen, dass ich seit Ende März auf diesen Anblick zugehe, jedenfalls ist meine Freude grenzenlos. Wie atemberaubend muss der Anblick erst für Pilger im Mittelalter gewesen sein, die das Meer noch nie sahen und sich hier hautnah am Ende der Welt wähnten! Als würde nun alles zusammenhelfen, uns Pilgern nach den Regentagen nun doch ein wirklich schönes Finale zu bescheren, reißen die Wolken in Windeseile auf, und bald ist die ganze Bucht, die *Ría de Corcubión*, zu sehen: ein Bild voller Blau – der Himmel und dieses wundervolle, endlose Meer! Ich bin glücklich. Es anders zu bezeichnen, hieße tiefstapeln. Ich fotografiere das Panorama samt der hässlichen Eisenfabrik. Ja, sie gehört zum vollständigen Bild dazu, genauso wie die vielen Straßenkilometer am Camino. Ich bin einverstanden – mit mir und der Welt! Ein großes, freudiges Gefühl wärmt mich und füllt mich ganz aus.

Nun geht es steil bergab bis *Cée*. Die kleinen Boote im Hafen haben in ihrer durch die Ebbe bedingten Schieflage und ihrer Buntheit etwas so Heiteres – wie so manches oft Gesehenes nun einen neuen, intensiven Glanz hat. Bald nach dem netten Hafenstädtchen *Corcubión* ist in einem Wald hochzusteigen. Pinkfarbene Fingerhüte haben schon oft den Weg verschönt, hier ist eine Wiese übersät von ihnen. Inzwischen ist es wolkenlos. In der weißen, weiten Sandbucht von *Estorde* picknicken vier junge Leute: die Kanadier Michelle, Erin und James sowie seine Freundin Diana aus Costa Rica (Foto unten), die auf dem Camino Francés unterwegs waren. Zur Feier ihrer Ankunft entkorken sie eine Flasche Rotwein, gerade als ich vorbeikomme. Sie laden mich ein, und wir haben wirklich eine kleine Party im weißen Sand – mit Plaudern und Lachen, Wein, Käse, Brot und Paprika. In Finisterre führt ein Holzsteg der herrlich weiten Bucht *Playa de Langosteira* entlang. Aber wie alle zieht es auch mich zum Meer – ich gehe barfuß im Sand und spiele mit den Wellen. Ich bin verliebt in all das: das türkise Meer, den blauen Himmel, den hellbeigen Sand. Welch eine Ankunft! Ich möchte jedem Pilger zurufen: „Ist es nicht fantastisch, hier zu sein?!“

Teilansicht des Hafens von Finisterre

FINISTERRE

2002 wurden die unermesslichen Sandmengen des Strandes *Praia de Langosteira* von Freiwilligen händisch durchgesiebt und vom Öl gereinigt, das ihn nach dem Untergang des Öltankers „Prestige" verseucht hatte. Der Unfall bedeutete für die galicischen Küsten neben der ökologischen eine wirtschaftliche Katastrophe, weil viele Menschen aufgrund des dadurch nötig gewordenen Fischfangverbotes ihre Existenzgrundlage verloren hatten. Inzwischen kann längst wieder gefischt und genossen werden, was der Atlantik bietet: Vor den galicischen Küsten, besonders in den *Rías Bajas* tummeln sich Fische aller Arten und gedeihen Muscheln derart ungehemmt, dass Galicien nach China als der größte Muschelproduzent der Welt gilt. Besonders beliebt, aber gefährlich zu ernten und daher sündhaft teuer, ist die Entenmuschel. Schalentiere wie Langusten, Krabben, Krebse und Hummer bevorzugen die *Rías Altas*. Der Seekrake, Pulpo, fehlt bei keinem galicischen Fest.

Der Tourismus ist in Finisterre 1000 Jahre alt. Natürlich gibt es hier touristischen Remmidemmi mit vielen Restaurants, Bars, Läden, Zimmervermietungen, Pensionen und Hotels. Aber der Ort hat sich den Flair eines gemütlichen Hafenstädtchens bewahrt, denn seine Bewohner leben nicht nur vom Fremdenverkehr, sondern auch – wieder – von dem, was das Meer hergibt. Ich schlendere im großen *Hafen* herum. Im silbergoldenen Spiegelbild der Häuserzeile im Meerwasser oszillieren die immer anderen Reflexionen der roten, blauen, grünen Boote. Es riecht nach Fisch und nach Meer. Ich genieße die typischen Hafengeräusche: das Klinkern von Metallleinen, Ösen, Kara-

binern, das Plätschern des Wassers gegen die Mole und die Schiffe, die Motoren kleiner Boote, das Gekreisch der Möwen, die Rufe der Männer, die in gelben und blauen Latzhosen aus Plastik ihren Fang aus den eben eingelaufenen großen Fischerbooten entladen. Diese schwimmenden Fabriken sind an Tauen, so dick wie mein Unterarm, mehrfach an der Mole befestigt. An den Mauern der Mole stapeln sich unzählige Reusen. Eine Plastiktasche mit einem Kubikmeter Eis wurde vergessen oder nicht gebraucht. Zwischen den kleinen Fischerbooten sind winzige Ruderboote in der Größe von Badewannen vertäut. Sie schaukeln arg, sogar im ruhigen Hafenbecken. Ein alter Fischer balanciert ihr heftiges Schwanken breitbeinig stehend gekonnt aus. Silberne Fische tauchen auf und ab. Besonders scheinen sie die kleinen Holzboote zu mögen. Es ist, als ob sie an deren Unterseite „grasten“. Ein riesiger Schwarm weißer Möwen fliegt über den wolkenlosen Himmel – weiße Beistriche auf einem blauen Blatt.

Den Besuch des Kaps möchte ich mir wie ein Bonbon für morgen aufsparen. Aber die letzte Kirche am Jakobsweg, die *Iglesia Santa María das Arenas*, am Ortsende Richtung Kap gelegen, würde ich gern besuchen. Vom romanischen Bau aus dem 12. Jahrhundert sind Teile der Apsis, das Ostportal und einige Kapitelle erhalten. Später kamen gotische und barocke Elemente dazu. Leider ist die Kirche nur in den Sommermonaten geöffnet, und so bleibt mir der Blick auf die bekannte Holzskulptur *Santo Cristo de Fisterra* (14. Jh.) verwehrt, die darin aufbewahrt wird. Wo heute der Friedhof ist, stand früher ein Pilgerhospiz.

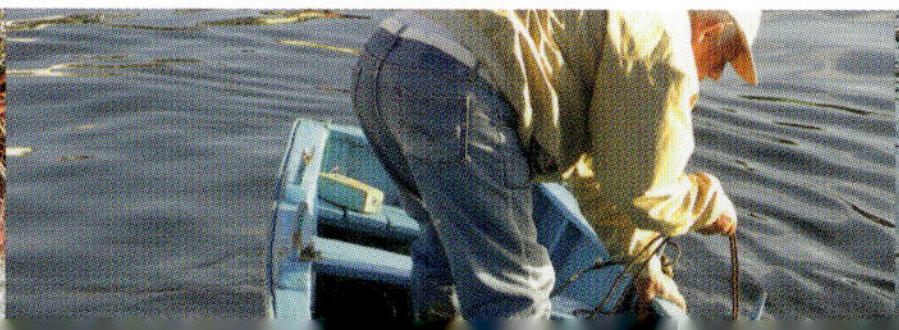

Sonnenuntergang am Cabo Finisterre

CABO FINISTERRE

Der Morgenhimmel ist wolkenlos und strahlend blau. Dass Gritli und ich gemeinsam hinaus zum Kap gehen würden, haben wir schon vor Tagen beschlossen und machen uns auf den Weg. Die letzten Kilometer zum Endpunkt der Pilgerreise so vieler Menschen sind auf der Straße zu absolvieren. Sogar ein Gehsteig fehlt. Nach drei Kilometern ist das *Cabo Finisterre* erreicht – eine Gegend, die schon immer von Legenden umrankt war. Bevor ich dem Sog des Kaps und Leuchtturms nachgebe, begebe ich mich auf die Fährte dieser weit älteren Mythen und steige das Stück hoch zum *Monte del Facho* (247 m). Hier vollführten schon die Kelten Fruchtbarkeits- und Sonnenriten, und auch ein phönizischer Sonnentempel Ara Solis soll hier gewesen sein. Nicht weit von hier ist auch der 635 Meter hohe „Olymp der Kelten", der *Monte Pindo*, der eine wichtige keltische Kultstätte war.

Wieder unten stehe ich bald vor dem letzten, in Pilgerkreisen legendären Wegweiser mit seinem 0,0 km-Schild. Rechts daneben ist der 17 Meter hohe *Leuchtturm*, dessen 57 Kilometer weit reichender Lichtstrahl den Schiffsverkehr leitet. Ein paar Stufen hinunter, und dann ist der äußerste Felsen des Cabo Finisterre erreicht, an dem sich der mittelalterliche Mensch am Ende der Welt wähnte. Ein verlockender und schauriger Ort muss es gewesen sein – der letzte vor dem von den Römern so benannten „Mare Tenebrosum", dem Meer der Finsternis, in dem das Licht allabendlich versank. Ab hier erstreckt sich die Todesküste, die *Costa da Morte*. Sie verdient ihren Namen, denn an dieser sturmumtosten Felsküste sind viele Schiffe zerschellt. Baden sollte man hier keinesfalls!

DENN JEDE STRASSE FÜHRT ANS ENDE DER WELT. Friedrich Schiller

Hier angekommen stehe ich erst einmal – wie alle – gebannt da und schaue mich um. Gritli und ich umarmen uns. Ich muss schlucken, als ich meine Stirn an ihre lege und ihr danke für die Begleitung auf dieser langen Reise. Dann fotografiere ich alles: den Leuchtturm, das Kap mit den Felsen, das Meer, die ankommenden Pilger, das gusseiserne *Denkmal für einen Wanderschuh*, die *Feuerstelle*, wo manche, einem uralten Brauch gemäß, Teile ihrer Kleidungsstücke verbrennen – ein Reinigungsritual, das ihr Neu-Werden manifestieren soll. Andere legen persönliche *Votivgaben* zu denen ihrer Vorgänger. Erst nach einiger Zeit sucht sich jeder seinen Platz auf dem Felsen. Ich habe meinen bald. Ich lese nicht, schreibe nicht und spreche kaum. Die Indianer sagen, man müsse der Seele bei Ortswechsel Zeit geben, nachzukommen. Ich war nicht schnell unterwegs und doch bin ich in 46 Wandertagen vom Süden in den Norden Spaniens gegangen, 1085 Kilometer weit. Vielleicht brauchte meine Seele noch eine Weile, um hierher zu folgen, denn als ich von dem Platz wieder aufstehe, ist es sieben Stunden später. Diese Stunden waren erfüllt von Froh- und Dankbarsein: Mir ist nur Gutes zugestoßen. Alle meine fünf Wünsche – um den Mut, die Liebe, die heitere Gelassenheit, das Glück und die Sternstunde – haben sich erfüllt. Ich darf sein, wie ich bin, und ich hoffe liebevoller, offener geworden zu sein. Ich war so gern an diesem letzten Ort meiner Pilgerfahrt: Robbe unter Robben, denn so erschienen mir die Pilger, die auf diesem Felsen waren, meist schweigend betrachtend, sitzend oder liegend, friedlich, ganz im Sein, um das Erlebte, die große Reise, in sich ausklingen zu lassen.

GEHEN IN ZEIT, RAUM & STILLE

Als Pilgerin wechsle ich die Welten. Aus einem dichten, komplexen Ballungszentrum, aus stressintensiver Leistungs- und Konsumgesellschaft mache ich mich, nur mit dem, was ich tragen kann, auf den Weg durch „überschaubare", weiträumige Naturlandschaften. Darin ist das Allereinfachste zu tun: gehen. Es ist eine langsame, risiko- und auf lange Strecken abwechslungsarme Reise. Gerade sie hat ganz unalltägliche Qualitäten und große Geschenke parat.

Da ist zunächst eine ganz andere Zeitqualität: Während ich mich im Alltag lange Zeit von Terminkalender und Uhr getrieben gefühlt habe, mein Tag in kleine Einheiten zerstückelt war und eine ständige Flut von Agenden und Informationen meine innere Stimme übertönt hat, erlebe ich nun eine Auszeit, in der nicht der Minutenzeiger der Uhr den Takt angibt, sondern der Fuß, der Schritt. Es ist kein fremdes und technisches, sondern mein eigenes leibliches Maß, und das der Natur, denen ich nun im Gehen folge. Die Pilgerreise verankert mich „auf Schritt und Tritt" im Hier und Jetzt, denn wenn ich nicht darauf achte, wohin ich meinen Fuß setze, stolpere ich. Auch darin zeigt sich unausgesetzt die Bedeutung des Jetzt und der Vorrang des Unterwegsseins vor dem Ankommen. „Der Weg ist das Ziel" wird erlebbare Realität. Die Reise führt zudem tagtäglich sinnlich-körperlich vor, dass ich – in jeder Weise – auf der Durchreise bin, weil ich ständig Neuland betrete, jeden Tag Neues kennenlerne, immer wieder Abschied von jemandem nehme. Ich halte in einer weiten Ebene auf einen Baum zu, gehe an ihm vorüber, lasse ihn weit hinter mir. Und noch etwas lehrt das Gehen: einen Schritt nach dem anderen zu setzen. Das ist das Wesen des Zen. Die so langsame Fortbewegungsart des Gehens entschleunigt massiv. Der Körper demonstriert überdies, wie wichtig es ist, die eigene Geschwindigkeit zu finden. Gegen jede andere als die ureigene rebelliert er über kurz oder lang mit Schmerzen. Allein das zeigt viel. Die Entdeckung des eigenen Tempos kann ein wochenlanger Prozess sein.

Und es ist still. In der Stille kann ich wieder hören, was meine Seele sagt. Aber auch das einlässliche Lauschen auf die Geräusche rund um mich herum hilft mir immer wieder dabei, mich mit dem Jetzt zu verbinden. Eine einzige beunruhigende Nachricht von zu Hause – und meine ganze Energie ist sofort bei meinen Befürchtungen, 3000 Kilometer weit weg. Dann lausche ich ganz bewusst auf das Fallen der Regentropfen, den sanften Wind in den Eukalypten, meine Schritte auf dem Boden, und ich bin augenblicklich wieder hier. Die sofortige Befreiung spüre ich, als ob mir ein dunkles, schweres Tuch vom Kopf gezogen worden wäre. Die äußere Stille erleichtert das Auffinden der inneren Stille: „In uns – so sagt uns die Mystik – ist schon ein Ort, an dem es ganz still ist, an dem Gott schon in uns ist. Doch wir sind abgeschnitten von diesem Raum der Stille. Der innere und äußere Lärm, unsere Sorgen und Probleme legen sich wie eine dicke Betonschicht zwischen unser Herz und diesen inneren Ort des Schweigens" (Grün, Lebenskunst, 72). Jetzt aber ist es still.

Auch die Natur sagt mir viel: Neben den Freuden, die sie mir mit ihren Schönheiten dauernd beschert, erinnern mich Pflanzen und Tiere an das „Einfach Sein": „Das Reh ist es selbst. Die Narzisse ist sie selbst. Alles in der Natur ist nicht nur eins mit sich selbst, sondern auch mit der Totalität. Es hat sich nicht aus dem Gefüge des Ganzen getrennt und behauptet nicht, für sich allein zu existieren: ‚ich' und der Rest des Universums" (Tolle, Stille, 81). Auch das Wetter und die Landschaft erinnern mich spürbar an mein Eingebundensein in das Ganze: Wenn mir ein sanfter Wind die Mittagshitze erträglicher macht, wenn der Berg steil ansteigt, rückt die Schöpfung leiblich an mich heran. Ich spüre sie und bin keineswegs von ihr getrennt. Mein eigener Körper, mein Atem, mein Herzschlag, um die ich mich nicht zu kümmern brauche, mein Muskelkater, den ich, ohne ihn zu wollen, habe,

lassen mich als „Geschöpf“ erleben, der Schöpfung zugehörig und auch von ihr getragen. Die eigene Leiblichkeit drängt nachgerade dazu, wahrgenommen zu werden, denn ich spüre meinen Körper, dauernd und deutlich: Ich bin durstig; im Schatten eines Baumes ist es angenehm kühl; der Regen hat mich durchnässt; es ist eine Wonne, mich abends müde im Bett auszustrecken. Mein Leib wird mir bewusster, näher. Ich kann gar nicht umhin, ihn lieber zu haben. Er macht mir spürbar, wie viel mehr ich bin als mein Denken. Zugleich führt mir die Natur immer wieder meine Grenzen vor: Es braucht nur einen Bach, der so viel Wasser führt, dass ich ihn nicht durchwaten kann und weiträumig umgehen muss, um einen vielfach suggerierten Machbarkeitswahn als solchen zu demaskieren. Demut und Dankbarkeit liegen nahe. Andererseits regnet die schwarze Wolke woanders ab, biegt der Weg oft genau dort ab, wo man sich das, aus der Ferne besehen, gewünscht hat – auch das Glück ist! Zudem verbinden mich unzählige Schritte tiefer mit der Erde, auf der ich gehe, mit der Natur, die mich umgibt. Ich nehme sie achtsamer wahr, Nähe und Zuneigung zu ihr intensivieren sich.

Als den wertvollsten Faktor der Pilgerreise empfinde ich das Gehen selbst: In unzähligen Schritten erfahre ich zunächst Entspannung von Stress, der sich in meinem Körper seit langem verankert hatte. „Solvitur ambulando“ – es löst sich durch das Gehen, lautet bereits ein lateinisches Sprichwort! Sogar Sorgen und Depressionen können sich so lösen, weil man im Gehen vom Kopf in den Körper gelangt, wieder Leben und Kraft in sich spürt und erfährt, wie viel mehr man ist als seine Gedanken und Probleme. Mir beschert die Fußreise zudem eine abenteuerliche Reise durch meine Innenlandschaften, denn nun zeigen sich unbewusste Inhalte ganz von selbst. Ihrem Zutagetreten zuträglich sind neben Stille, Wegfallen von Ablenkung und Herausforderung auch die Monotonie der endlosen Schritte: Das Gehen ist ein gleichförmiger, meditativer Akt, der das Nicht-Denken fördert. Dadurch gehen Schranken hoch, die unbewusste Inhalte sonst abblocken. Die Konfrontation mit unbewussten Inhalten kann unangenehm sein, aber so kann ich mich besser kennenlernen, meiner selbst bewusster werden und im Gehen Schritte zur Heilung tun. Eine Pilgerreise ist eine rituelle Reise zu einem inneren Ziel. Es geht dabei darum, selbst neu zu werden. Die *Peregrinatio*, die Pilgerreise, leitet sich ab vom lateinischen *per agrum* (querfeldein) – ein Bild des Unterwegsseins in der Fremde und vom Weg selbst. Anselm Grün versteht Wandern als „leibhaftige Meditation“ (Grün, Wege, 23), meint damit aber „nicht eine Meditation über etwas, sondern eine Einübung in etwas“ – den Auszug aus Besitz und Komfort, aus bindenden Gewohnheiten, Beziehungen, Bedürfnissen und Wünschen (vgl. Grün, Wege, 23). Die beim Pilgern erlebbare „moderne, säkulare Form der Askese“ (Frankl, Bergerlebnis, 27) zeigt mir, was wirklich wichtig ist. Sie verdeutlicht mir den Wert von Wasser, mit dem ich meinen Durst endlich stillen kann, lässt mich die Süße und Frische einer Orange doppelt genießen – sie beschert intensives Erleben, Dankbarkeit und neue Prioritäten. Was als Entbehrung oder Handicap empfunden wird, hängt auch stark davon ab, wie weit ich mich mit dem Augenblick einverstanden erklären kann. Trotzdem ist mir klar, dass ich verantwortungsvoll vorzusorgen habe, z. B. für meine Ausrüstung, für meine Konstitution, für mein Wohlbefinden und meine Sicherheit! Die vielen Schritte führen auch zum Du: Auch wenn ich meine VorpilgerInnen nicht sehe, fühle ich mich durch ihre Zeichen, z. B. hilfreiche Wegmarkierungen wie Pfeile im Sand oder aus Steinen gelegt, mit ihnen verbunden, umso mehr in der persönlichen Begegnung: Vergleichbare Erlebnisse und das Heraustreten aus Konditionierung und Etikettierung bereiten herzlicher Nähe einen nahrhaften Boden. Das Gehen ist für mich der größte Segen dieser Reise. Ich fühle mich durch unzählige Schritte tief mit der Erde verbunden, habe mich dabei kraft- und freudvoller erfahren und viele Schritte auf mich zu getan.

PRAKTISCHE HINWEISE

Etappenteilung / Herbergsdichte

Die Strecke von fast 1000 Kilometern von Sevilla nach Santiago de Compostela ist in 33 Tagesetappen machbar, es ist aber unerlässlich, eine Zeitreserve vorzusehen! Realistisch ist ein Zeitaufwand von sechs Wochen. Ein entscheidendes Merkmal der Vía de la Plata ist die weitaus geringere Herbergsdichte als am Camino Francés: Die nächste Herberge ist vielfach das ausschlaggebende Kriterium für die Länge der Tagesetappen. Wo es die Herbergssituation zuließ, habe ich lange Etappen zweigeteilt, um mir mehr Zeit auf der Strecke zu geben. So bin ich den Weg in 43 Etappen gegangen. In gewissem Ausmaß wird jeder seine Etappen nach eigenen Prioritäten gestalten können – je nachdem, was einem wichtiger ist: die Streckenlänge oder der Komfort in der Unterkunft. Die Pilgerunterkünfte sind oft sehr einfach, manche unbeheizt, dafür vielfach gratis (wie in Galicien generell). Es gibt kaum feste Öffnungszeiten, der Schlüssel muss abgeholt und zurückgebracht werden, was eine Geduldsprobe sein kann. Daneben gibt es vielfach aber auch privat geführte Herbergen, Pensionen oder Hotels. Neben dem empfehlenswerten Rother-Wanderführer „Vía de la Plata" von Cordula Rabe kann als Basis für die individuelle Etappenteilung u. a. auch die Website www.jakobus-info.de hilfreich sein. Sie gibt über die Verteilung und Art der Herbergen Auskunft.

Für die Fortsetzung des Weges von Santiago bis ans Cabo Finisterre sind drei weitere Tage einzuplanen. Generell ist während der Karwoche die Pilgerdichte am größten. Dann kann es in den städtischen Herbergen auch auf der Vía de la Plata eng werden.

Bei Granja de Moreruela teilt sich der Weg: Der *Camino Sanabrés* folgt etwa der portugiesischen Grenze und führt via Ourense nach Santiago de Compostela. Die Vía de la Plata mündet nach Astorga auf den Camino Francés. Die Strecken sind etwa gleich lang. Einsamer und stiller ist es bei weitem auf dem Camino Sanabrés.

Anforderungen

Erfahrungsberichten zufolge stellt die Vía de la Plata über weite Strecken höhere Anforderungen an die Pilger als der Camino Francés. Herausfordernd ist weniger das Höhenprofil am Weg als die mitunter sehr langen Etappen. Es ist unbedingt empfehlenswert, sich zu Hause auf die Strapazen mit vielen mehrstündigen Wanderungen vorzubereiten. Ein erschwerender Faktor kann neben der geringeren Herbergsdichte und den einfachen Unterkünften (vor allem im Winter) auch die Einsamkeit sein: Man durchquert mitunter riesige, menschenleere Landstriche, in denen man oft ganz auf sich gestellt ist, denn die Zahl der Pilger ist nach wie vor gering. Andererseits bieten gerade die weiten, naturvollen und einsamen Gegenden Raum, Zeit und Stille in Hülle und Fülle.

Beste Reisezeit

Die besten Monate für die Fußreise auf der Vía de la Plata sind April bis Juni und September bis Oktober. Wegen der Hitze in den Sommermonaten sind vor allem die südlichen Regionen der Vía de la Plata von Juni bis Ende August unbedingt zu meiden, weil Schwäche und Flüssigkeitsverlust zu gesundheitsschädlichen Situationen führen können. Laut Pilgerberichten ist dieser Abschnitt durchaus auch im Winter begehbar. In Galicien und den Montes de León (am Camino Francés) kann es dagegen auch im Juli und August regnen. Wenn man die Vía de la Plata nach Astorga fortsetzt und dort in den Camino Francés einschwenkt, wird man vor allem um Ostern und in den Sommermonaten regen Betrieb vorfinden. Eine Begehung der nördlichen Regionen der Vía de la Plata bringt im Winter Schnee, Kälte, vielfach unbeheizte Herbergen, Nebel, Einsamkeit und die Gefahr, sich zu verirren, mit sich.

Ausrüstung

Unerlässlich für die Reise ist ein Wanderführer, wie der von Cordula Rabe zur Vía de la Plata, erschienen im Bergverlag Rother, der mir ein verlässlicher und äußerst informativer Begleiter war! In solchen Wanderführern sind immer auch praktische Ausrüstungslisten zu finden, daher beschränke ich mich hier auf zusätzliche Tipps: Man hat eine strapaziöse Fußreise von über 1000 Kilometern vor sich. Die Wanderkleidung sollte daher angenehm, „eingetragen" und funktionell, d. h. leicht, atmungsaktiv und feuchtigkeitsabweisend sein, und die Wanderschuhe müssen optimal passen. Der Gang zum Fachhändler, eventuell zum Orthopäden und zur Fußpflege lohnen. Die Eingehtouren sollten auch dafür genützt werden, das Schuhwerk einzugehen und den Rucksack mit realem Gepäck zu tragen, um zu prüfen, ob er gut sitzt und die Last „tragbar" ist, wobei gut zu überlegen ist, was wirklich gebraucht wird. Die meisten Wanderer tragen etwa zehn Kilo mit sich. Neben den Schuhen sind die Socken ebenso wichtig – sie müssen wie eine zweite Haut auf dem Fuß sitzen! Es empfiehlt sich, sie nicht zu oft zu waschen, sondern eher zu lüften und die Füße, trotz der Verlockung des kühlenden Fußbades im Bach, untertags trocken zu halten. Als sehr praktisch zeigte sich, nicht nur einen Anorak mitzuhaben, sondern auch eine Regenpelerine mit Kapuze. Dies spart einen Regenschutz für den Rucksack und schützt besser vor Nässe. Ein Regenhut unter der Kapuze ist ein weiterer wesentlicher und federleichter Schutz. Die Imprägnierung der Goretexausrüstung vor der Reise zu erneuern ist empfehlenswert. Auch ein heller, luftdurchlässiger Sonnenhut ist unerlässlich. Damit PilgerkollegInnen in Herbergen nicht gestört werden, sollte man auf die Verwendung raschelnder Plastiksäckchen verzichten. Das Tragen einer Nierentasche erspart, Kleinigkeiten, die unterwegs immer wieder gebraucht werden, umständlich aus dem Rucksack holen zu müssen. Wanderstöcke sind ein wichtiges und gelenkschonendes Utensil. Sehr wichtig ist die Mitnahme von ausreichend Trinkwasser, weil der nächste Brunnen defekt sein könnte, und von etwas Notproviant – etwa auch, um die Zeit bis zum späten Abendessen überbrücken zu können, das meist erst gegen 21 Uhr serviert wird. Wanderführer informieren zu jeder Etappe, wie die Versorgungslage betreffend Wasser, Geschäften, Bankomat o. Ä. ist.

Wegmarkierung

Der gesamte Weg ist mit gelben Pfeilen markiert. Hinzu kommen individuelle Markierungen in verschiedenen Regionen: Granitwürfel in der Extremadura, informative Sandsteintafeln in der Provinz Zamora, in Galicien Wegsteine mit blauen Kacheln, die die gelbe Jakobsmuschel ziert, und schöne Sandsteinskulpturen mit Symbolen der Pilgerfahrt in der Provinz Ourense. Bei entsprechender Achtsamkeit wird man wirklich selten den Weg suchen müssen. Es kann allerdings schon vorkommen, dass sein (neuer) Verlauf nach Bauarbeiten noch nicht markiert wurde oder der Weg gegenüber dem Wanderführer (in wenigen Fällen) geändert wurde. Dann helfen die Fußspuren von VorpilgerInnen, die Wegweiser, die diese auf dem Boden hinterlassen haben, die Hinweise von Einheimischen oder die eigene Intuition.

Schneeschmelze oder Regenfälle sind jeweils in Betracht zu ziehen, aber es wurden inzwischen umständliche oder gar gefährliche Bachüberquerungen von umsichtigen Wegbetreuern mithilfe solider Trittsteine weitgehend entschärft. Im regenreichen Galicien wird man – je nach Witterung – bisweilen statt eines naturvollen, bachnahen Weges die Straße wählen müssen und nicht immer trockene Füße bewahren können.

Heiliges Jahr

Der hl. Jakob ist der Schutzpatron Spaniens, sein Namenstag, der 25. Juli, Feiertag. Wann immer dieser Tag auf einen Sonntag fällt, wird seit 1122 ein „Heiliges Jahr" ausgerufen. In den Heiligen Jahren 1982 und 1989 besuchte Papst Johannes Paul II. das Apostelgrab. Die Heiligen Jahre 1993, 1999 und 2004 wurden international erfolgreich vermarktet. Die generell hohen Pilgerzahlen steigen in diesen Jahren noch einmal extrem an, ganz besonders der Anteil der spanischen Pilger. An diesem Tag werden in Santiago de Compostela Feuerwerke abgebrannt, Lichtspektakel auf die Fassade der Kathedrale projiziert und die Stadt ist ausgebucht! Die nächsten Heiligen Jahre sind 2010 und 2021.

Pilgerurkunde

Die *Compostelana*, Pilgerurkunde, wird seit dem 15. Jahrhundert nach Vollendung der Pilgerfahrt ausgehändigt. Sie sollte dem Pilger früherer Zeiten Hilfestellungen am Rückweg zuteilwerden lassen. Auch heute noch bekommt der Pilger in Santiago de Compostela nach Vorweis der Urkunde Vergünstigungen, wie z. B. Rabatt auf verschiedene Eintrittspreise, und die Compostelana öffnet noch heute die Tür zu einem der luxuriösesten Hotels Spaniens, dem *Hostal Real de los Reyes Católicos*, das, seiner jahrhundertelangen Tradition gemäß, noch immer täglich die ersten zehn Pilger gegen Vorlage der Compostelana zum Essen einlädt! Dazu muss man jeweils eine halbe Stunde vor den Mahlzeiten (die um 9, 12 und 19 Uhr ausgegeben werden) an der Einfahrt zur Tiefgarage

(an der schrägen Rampe – Richtung Rúa das Hortas – von der Praza do Obradoiro hinunter) warten, bis ein Angestellter des Hotels die Pilger dort abholt und zu einem kleinen Speisesaal führt.

Voraussetzung für den Erhalt der Urkunde ist die Vorlage des *Credencials*, des Pilgerausweises, im Pilgerbüro in Santiago de Compostela. Darin müssen Stempel bestätigen, dass die letzten 100 Kilometer zu Fuß bzw. 200 Kilometer mit dem Rad oder Pferd zurückgelegt wurden. Die Stempel erhält man am Weg in Herbergen, Kirchen, Klöstern oder bei Dienststellen der Guardia Civil. In Finisterra belegt die „Fisterrana" die Vollendung des Weges bis dahin. Den Pilgerausweis kann man sich zu Hause vorab bei den nationalen Jakobsbrudergesellschaften besorgen: www.jakobus-gesellschaften.de (Deutschland); www.radolf.at (Österreich); www.pilgern.ch (Schweiz)

Informative Websites zur Vía de la Plata inklusive Herbergsverzeichnis mit Adressdaten:

www.jakobus-info.de

www.via-de-la-plata.de

www.ruta-de-la-plata.de

www.viaplata.org (spanische Website)

www.s-line.de/homepages/jakobsweg/spanien/via-dela-plata.htm

www.mundicamino.com (spanische Website)

sowie weiters:

www.outdoorseiten.net/wiki/Via_de_la_Plata

www.spain.info/at/TourSpain (Spanienreiseführer)

www.spain-info.de (Spanienreiseführer)

www.crtvg.es/camweb (Webcams am Camino Francés)

www.mosteirodeoseira.org/hospederia/hospederiaw.html (Übernachtung im Kloster Oseira reservieren)

www.pons.eu (Wörterbuch)

www.online-translator.com (Übersetzungsprogramm)

www.wetteronline.de (Wettervorhersage)

de.weather.com (Wettervorhersage)

LITERATURHINWEISE

Thomas *Bernhard:* Gehen. 18. Auflage. Frankfurt am Main: Suhrkamp, 2007 (Suhrkamp Taschenbücher 5)

Peter *Bohning:* Galicien und der Jakobsweg durch den Norden Spaniens. Kulturführer mit Tipps und Adressen für den individuellen Urlaub. 5., aktualisierte und neu bearbeitete Auflage. Frankfurt am Main: Peter Meyer, 2002

Hans-Peter *Burmeister:* Zentralspanien und Madrid. Von den Schätzen des Prado zu den Burgen Kastiliens. 5., aktualisierte Auflage. Ostfildern: DuMont, 2006 (Kunst Reiseführer)

Hans-Peter *Burmeister:* Andalusien. 6., aktualisierte Auflage. Ostfildern: DuMont, 2004 (DuMont Richtig Reisen)

Hans-Peter *Burmeister:* Extremadura. Köln: DuMont, 2001 (DuMont Reise-Taschenbuch)

Tobias *Büscher:* Galicien & Jakobsweg. 4. Auflage. Köln: DuMont, 2007 (DuMont Reise-Taschenbuch)

Claudia *Diemar:* Der Apostel und die silberne Artischocke. Legenden aus Spaniens Norden. Wien: Picus, 2005 (Picus Lesereisen)

Claudia *Diemar:* Spaniens magische Mitte. Kastilische Kantaten. Wien: Picus, 2002 (Picus Lesereisen)

Der Jakobsweg. Ein Pilgerführer aus dem 12. Jahrhundert. Übersetzt und kommentiert von Klaus *Herbers*. Stuttgart: Philipp Reclam, 2008 (Reclams Universal-Bibliothek Band 18580)

Viktor E. *Frankl:* Bergerlebnis und Sinnerfahrung. 6. Auflage. Innsbruck: Tyrolia, 2008

Erhard *Gorys:* El Camino. Der Jakobsweg nach Santiago de Compostela. Frankfurt am Main: Josef Knecht, 2000.

Anselm *Grün:* Auf dem Wege. Zu einer Theologie des Wanderns. 11. Auflage. Münsterschwarzach: Vier Türme, 2008

Anselm *Grün:* Das Buch der Lebenskunst. Hg. von Anton Lichtenauer. 5. Auflage. Freiburg, Basel, Wien: Herder, 2009 (Herder spektrum, Band 5700)

Maria Anna *Hälker:* Andalusien. 4., aktualisierte Auflage. Ostfildern: DuMont, 2007 (DuMont Reise-Taschenbuch)

Monika *Hauf:* Der Jakobsweg. Das Mysterium der 1000-jährigen Pilgerroute nach Santiago de Compostela. München: Langen Müller, 2000

Dietrich *Höllhuber*, Werner *Schäfke:* Der Spanische Jakobsweg. Landschaft, Geschichte und Kunst auf dem Weg nach Santiago de Compostela. Köln: DuMont, 1999 (DuMont Kunst-Reiseführer)

Raimund *Joos,* Michael *Kasper:* Spanien: Jakobsweg – Vía de la Plata. 4. Auflage. Welver: Conrad Stein, 2009 (Outdoor Handbuch Band Nr. 116)

Verena *Kast:* Wir sind immer unterwegs. Gedanken zur Individuation. Zürich und Düsseldorf: Walter, 1997

Verena *Kast:* Freude, Inspiration, Hoffnung. München: Deutscher Taschenbuch Verlag, 1997

Harald *Klöcker:* Andalusien. 5. Auflage. München: Merian, 2005

Alfred *Lang:* Ein anderer Jakobsweg – Vía de la Plata. Unsere 69 Tage von Sevilla bis Cabo Finisterre. Wien und München: Novum, 2007

Reinhard *Mandl:* Jakobsweg Österreich. Beiträge von Peter Lindenthal. Innsbruck: Tyrolia, 2006

Cees *Nooteboom:* Der Umweg nach Santiago. Mit Fotos von Simone Sassen. Aus dem Niederländischen übersetzt von Helga van Beuningen. Frankfurt am Main: Suhrkamp, 2007 (Suhrkamp Taschenbücher 3860)

Cordula *Rabe:* Vía de la Plata. Jakobsweg von Sevilla nach Santiago de Compostela. München: Bergverlag Rother, 2006 (Rother Wanderführer)

Carmen *Rohrbach:* Jakobsweg. Wandern auf dem Himmelspfad. München: Frederking & Thaler, 2004

Hermann *Schreiber:* Auf den Spuren der Goten. München: List, 1977

Damien *Simonis,* Susan *Forsyth* et al.: Spanien. 1. deutsche Auflage September 2007. Ostfildern: MairDuMont, 2007 (Lonely Planet Reiseführer Deutsch)

Wolfgang *Sotill:* Einfach Pilgern. Auszeit für Körper & Seele. Graz: Styria Pichler, 2004

Eckhart *Tolle:* Stille Spricht. Wahres Sein berühren. Aus dem Amerikanischen übersetzt von Erika Ifang. 6. Aufl. München: Goldmann, 2003 (Arkana HC)

Ulrich *Wegner:* Der Jakobsweg. Auf der Route der Sehnsucht nach Santiago de Compostela. 2. Auflage. Freiburg: Herder, 2007

VIELEN DANK

meiner Mutter *Gritli Gruber,* die mich fast drei Monate lang quer durch Spanien fahrend und danach beim Abenteuer der Bucherstellung am Schreibtisch mit größter Anteilnahme und Hilfsbereitschaft begleitet hat,

meinem Vater *Naz Gruber* für seine so wertvolle und kompetente Unterstützung meiner Unternehmungen und

meinem Lebensgefährten *Christian Schneider,* der zu meinen Projekten auf eine Weise steht, die liebevoller und großherziger nicht sein könnte.

Legenden zu ganzseitigen Abbildungen:

S. 8 Rick van de Ven etwa eine Gehstunde vor Salamanca (23. Etappe)
S. 10 eine der Skulpturen des galicischen Bildhauers Nicanor Carballo, die den Pilger durch die Provinz Ourense begleiten (40. Etappe)
S. 12 Tor der Keramikfabrik „Cartuja" am Ufer des Guadalquivir in Sevilla, seit 1992 Andalusisches Zentrum für Zeitgenössische Kunst
S. 30 Schafherde beim römischen Brücklein, Puente de Santiago, über den Arroyo de la Zafrilla vor Aldea del Cano (13. Etappe)
S. 68 Abendhimmel über den Dächern von Zamora
S. 106 Tür in Acibeiros (1121 m, 33. Etappe)
S. 160 Gotischer Altaraufsatz in der Kirche von Calzadillo de los Barros (15./16. Jh.), auf dem Jakob als Pilger dargestellt ist (7. Etappe)

Alle Angaben in diesem Buch wurden sorgfältig recherchiert und erfolgen nach bestem Wissen und Gewissen der Autorin. Sollten Sie trotzdem Unstimmigkeiten entdecken, nehmen Autor und Verlag gern Verbesserungsvorschläge und Korrekturhinweise entgegen. Die Benutzung dieses Buches geschieht auf eigenes Risiko. Eine Haftung für etwaige Unfälle und Schäden wird aus keinem Rechtsgrund übernommen.

Mitglied der Verlagsgruppe „engagement"

Bibliografische Information Der Deutschen Nationalbibliothek
Die Deutsche Nationalbibliothek verzeichnet diese Publikation in der Deutschen Nationalbibliografie; detaillierte bibliografische Daten sind im Internet über http://dnb.d-nb.de abrufbar.

2010

Umschlaggestaltung, Layout und digitale Gestaltung: Eva Gruber
Alle Abbildungen stammen von der Autorin
Textauszug aus: Cees Nooteboom, Der Umweg nach Santiago, S. 99–100

Übersichtskarte S. 6: KGS Karthographie und Grafik Schlaich, D-Geislingen
Druck und Bindung: L.E.G.O., Vicenza
ISBN 978-3-7022-3053-1
E-Mail: buchverlag@tyrolia.at
Internet: www.tyrolia-verlag.at